Emanzipation und Gegenwärtigkeit

Dieter Funke

Emanzipation und Gegenwärtigkeit
erschienen   11-2013, 1. Auflage
Verlagshaus Schlosser, 86316 Friedberg
Alle Rechte vorbehalten
Text: Dieter Funke
Umschlag, Layout & Druck: Verlagshaus Schlosser
ISBN: 978-3-86937-486-4
€ 14,90

Emanzipation und Gegenwärtigkeit.

Die Odyssee – psychoanalytisch und spirituell gelesen.

von

Dieter Funke

Inhalt

Odysseus: der erste moderne Mensch im Horizont der
Bewusstseinsevolution

Die moderne Vereinseitigung des Odysseus

Zwei Reisemodelle

Entwicklung und Gewahrsein: der psychoanalytische und
der spirituelle Blick auf die Odyssee (Ich-Selbst-Dynamik)

Duales Getrenntheits- und nicht-duales
Verbundenheitsdenken

Der psychoanalytische Zugang: Odysseus, unterwegs zum
„Ich" (Entwicklung und Emanzipation)

Der weisheitlich-spirituelle Zugang: Odysseus, unterwegs
zum „Selbst" (Gewahrsein und Gegenwärtigkeit)

Odysseus als Mystiker?

Der doppelte Beginn der Reise nach Ithaka: Der
psychologische und der weisheitliche Ausgangspunkt

Vorwort

Vorliegendes Buch zur Odyssee ist entstanden im Rahmen des Projekts "Der be-wegte Mythos", das ich zusammen mit meiner Frau Renate M. Paus, Leiterin des proEgo-Instituts in Düsseldorf (paus@proego.net), über viele Jahre auf Kreta als Selbsterfahrungsgruppe durchgeführt habe. „Be-wegt" deshalb, weil nach dem Erzählen einer Szene aus der Odyssee diese von meiner Frau, die u. a. als Tanz- und Ausdruckstherapeutin arbeitet, in der ihr eigenen kreativen Kompetenz mit der Gruppe in Tanz und Bewegung umgesetzt wurde. Auf diese Weise konnten die Einzelnen körperlich und seelisch ausdrücken, was sie zuvor über den Weg des Erzählens und Interpretierens der jeweiligen Szene der Abenteuer des Odysseus in sich aufgenommen hatten. Anschließend wurde das Erlebte, Gefühlte und in Bewegung Umgesetzte dann in einer gruppentherapeutischen Sitzung weiter verarbeitet und reflektiert. Dabei erwies sich die Odyssee als ein intensiver Reiseführer zum eigenen Selbst, sowohl in psychologischer als auch in spiritueller Hinsicht.

Bei der Lektüre des hier vorliegenden Textes ist natürlich der oben genannte Rahmen nicht vorhanden, weder die zerklüftete und steinige Küste Kretas noch die Erfahrung einer sich bewegenden und den Einzelnen haltenden Gruppe. Dennoch wünsche in den Leserinnen und Lesern, dass sie anhand dieses uralten Stoffes und seiner psychoanalytisch-spirituellen Aufbereitung etwas von ihrer eigenen Lebensreise erkennen und vielleicht Inspirationen erhalten, neu in See zu stechen oder Korrekturen am bisherigen Kurs vorzunehmen. Es ist durchaus beabsichtigt, dass den hier vorgelegten Texten z. T. noch anzumerken ist, dass sie ursprünglich als Vorträge verfasst und in einer Gruppensituation vorgetragen worden sind.

Ich danke allen Teilnehmerinnen und Teilnehmern unserer Veranstaltungen „Kultur und Psyche" und „Der bewegte Mythos", die wir seit nunmehr zwanzig Jahren auf Kreta durchführen, für ihre Neugier und Bereitschaft, sich auf diese Projekte eingelassen zu haben. Ohne sie wäre diese doppelte Reise zum Selbst nicht möglich gewesen. Ihnen und meiner Frau als geschätzter Kollegin, ohne deren tanztherapeutische Kreativität es nicht so „bewegt" zugegangen wäre, widme ich dieses Buch!

Düsseldorf, im Herbst 2013

Dieter Funke

Einleitung: Odysseus – Held und Mystiker

Odysseus ein Held! Diese Vorstellung passt zum Bild der Heldensagen. Aber ein Mystiker? Das klingt fremd und geheimnisvoll. Ich möchte sie einladen, sich mit mir diesem doppelten Odysseus auf zwei Wegen zu nähern: Mit der psychologischen Brille gewinnen wir den Helden in den Blick, mit der spirituellen Annäherung erscheint der mystische oder auch weisheitliche Odysseus. Mit beiden Weisen der Annäherung betreten wir zwei unterschiedlich erprobte Wege zum Menschen. Der spirituelle Weg ist wohl so alt wie die Menschheit, die von Anbeginn an Befreiung vom Leiden suchte, das mit dem Menschsein verbunden ist. Dieser Weg ist verbunden mit den unterschiedlichen Religionen, denen alle ein spiritueller Kern innewohnt. Dennoch ist Spiritualität nicht identisch mit Religion und deren je eigenen Glaubens-inhalten. Der psychologische Weg zum Menschen ist viel jünger. Vor allem als psychotherapeutisches Verfahren ist er eine Frucht des frühen zwanzigsten Jahrhunderts, untrennbar verbunden mit Sigmund Freud, dem Begründer der Psychoanalyse. Wenn ich hier vom psychologischen Weg spreche, meine ich das psychoanalytische Verfahren.

Beide Zugänge zum Verständnis des menschlichen Leidens ergänzen sich, weil sie eine je verschiedene Tür zum Selbst wählen: Der *psychoanalytische Weg* bemüht sich um eine Stärkung des Ichs, in dem er dem Einzelnen hilft, sich von einengenden und hemmenden Bindungen und verinnerlichten Beziehungsmustern zu befreien (Emanzipation). In ihnen liegt ein Grund für das psychische Leiden. Durch Verstehen, Aufklären und neue

Erfahrungen in der Therapie werden dieses Leiden zu überwinden gehofft und Wege der Heilung beschritten.

Der *spirituelle Weg* sieht den Grund des Leidens in einer Verdunklung und Täuschung des Geistes. Dieser Täuschung erliegt das Ich und leidet. Deshalb sucht spirituelle Erfahrung das eigene Ich zu übersteigen, indem es sich auf etwas bezieht, was über das individuelle Ich hinausweist. Diese Überschreitung des Ichs vollzieht sich vor allem in der Relativierung aller inneren Vorstellungen, die wir von uns selbst und der Welt aufgebaut haben und die wir in der Regel als gegeben hinnehmen. Frucht dieser Überschreitung ist das Verweilen im Jetzt (Gegenwärtigkeit). Diese Relativierung des Ichs setzt allerdings ein intaktes und einigermaßen funktionsfähiges Ich voraus, was so viel heißt, dass der spirituelle Weg den psychologischen nicht ersetzten kann, sondern ihn voraus setzt.

Bevor ich mich der Odyssee auf diesen beiden Wegen nähere, möchte ich beide Zugänge skizzieren. Diese werden sich im Laufe dieses Buches dann aber auch immer mehr selbst erklären.

Den *psychologischen Zugangsweg* betrete ich mit den Mitteln der Psychoanalyse, die sich von Anfang an als ein emanzipatorisches Verfahren begriffen hat, weil sie einengende und hemmende unbewusste Verstrickungen des Einzelnen, die krank machen, aufdeckt und bewusst macht. Die Psychoanalyse hat in den letzten Jahren eine relationale Wende genommen, was so viel heißt, als dass die Beziehungsverhältnisse, in denen ein Mensch groß wird und in denen er sich später bewegt, den entscheidenden Fokus der Aufmerksamkeit bilden, sowohl was die Entstehung des seelischen Leidens als auch dessen

Heilung betrifft. Was das im Hinblick auf die Odyssee heißt, möchte ich mit ein paar Sätzen beschreiben:

Die traditionelle psychoanalytische Sichtweise versteht das Geschehen des Epos in erster Linie als ein Drama, das sich auf der inneren Bühne des Protagonisten abspielt. Und da es ihm selbst nicht bewusst ist, sind die erzählten Begebenheiten Ausdruck einer unbewussten Dynamik. Die äußeren Figuren und Szenen sind als nach außen verlagerte innerseelische Aspekte zu sehen. Diese Sichtweise spiegelt einen bestimmten, neuzeitlich-modernen Bewusstseinsstand wieder, der untrennbar mit dem Namen Sigmund Freud verbunden ist. Er hat gelehrt, mit dem dritten Auge zu sehen und zu verstehen, dass vieles, was uns außen begegnet, Teil unseres inneren Geschehens ist. Die symbolische Sprache entziffern wir als Ausdruck innerseelischer Vorgänge, als Spiegel unseres Selbst. Unter den Arbeiten, die die Odyssee unter diesem Gesichtspunkt auslegen, ist die tiefenpsycho-logische Interpretation von Ingeborg Clarus (1986) sicher die Bedeutendste.

Diese klassische psychoanalytische Position lässt sich auch als sog. Ein-Personen-Psychologie bezeichnen: Die Personen in der äußeren Wirklichkeit werden über den Weg der Verinnerlichung zu inneren psychischen Strukturen, sie werden demnach als Selbstanteil einer einzigen Person gelesen. Die Konfliktdynamik spielt im Inneren dieser einen Person, zum Beispiel wenn ein Wunsch und ein inneres Verbot in einen Gegensatz geraten wie in der Begegnung des Odysseus mit den Sirenen. Oder wenn jemand Abhängigkeit und Selbst-ständigkeit nicht angstfrei erleben kann, sondern jede Bindung als Einschränkung oder gar Verlust seiner Freiheit erlebt und deshalb das eine oder das andere

13

bekämpfen oder verleugnen muss, wie bei Odysseus und Kalypso.

Neben dieser Sichtweise hat sich in der modernen Erweiterung die sog. relationale Psychoanalyse herausgebildet, die sich als eine Mehr-Personen-Psychologie versteht. Unter den relationalen Ansätzen der Psychoanalyse wähle ich *Thea Bauriedls* Beziehungs-analyse (1980, 1994) aus. Sie begreift den Einzelnen von Anfang an als ein soziales Wesen, welches mit anderen in die Beziehungsmatrix der Familie und anderer Gruppen eingebunden ist. Von der Art und Weise der familiären Beziehungsmuster hängt es ab, welche Persönlichkeits-anteile jemand später als Erwachsener ausbildet bzw. welche er verkümmern lässt. Dies bildet sich dann in den späteren Beziehungen, die er eingeht, wieder ab. Eine Beziehungssituation wird deshalb nicht nur unter dem Gesichtspunkt der verinnerlichten Beziehungsmuster der Handelnden wahrgenommen, sondern auch als aktuelle Beziehungsinszenierung, die wiederum auf die verinner-lichten Muster rückwirkt. Damit wird das Ich gleichsam in jeder Begegnung mit einem anderen neu erschaffen. Die beziehungs-analytische Sicht kann man deshalb als zirkulär und rückbezüglich bezeichnen im Gegensatz zur eher linearen Auffassung Freuds. Diese Rückbezüglichkeit wird auch von der neueren Hirnforschung bestätigt.

Der *spirituelle Weg* wird hier mit dem Begriff „Gegenwärtigkeit" gefasst, was darauf hindeutet, dass es um das Freiwerden von Bindungen an mentale Vor-stellungen vom eignen Ich geht, die vor allem in der Vergangenheit entstanden sind. Der spirituelle Weg führt deshalb in die Gegenwart des Jetzt. Weil der Begriff des Spirituellen viel missverständlicher ist als der des

Psychoanalytischen, möchte ich zunächst in groben Strichen zeigen, was ich mit spirituell, weisheitlich oder mystisch – Begriffe, die ich hier weitgehend synonym verwende – meine.

Gemeinsames Kennzeichen aller weisheitlich-mystischen Richtungen ist die Annahme, dass unser Ich, wie wir es erleben, eine Illusion ist. Diese Gewissheit gewinnen spirituelle Menschen daher, dass sie sich auf eine andere, das Ich übersteigende Wirklichkeit beziehen. Diese andere Wirklichkeit ist jedoch nichts Gegebenes oder irgendwie Vorhandenes, sondern bezeichnet einen Bewusstseinszustand, der gerade die Vorstellung von etwas Gegebenem als Illusion durchschaut. Wie ist das zu verstehen?

Der Gegensatz von spirituell ist materiell. Es geht also bei der spirituellen Erfahrung um etwas Geistiges. Geistiges bezeichnet Bewusstsein und Bewusstsein ereignet sich in bestimmten Bewusstseinszuständen, z. B. wachend, schlafend, träumend, dual oder nicht-dual. Die spirituelle Sicht geht nun davon aus, dass alles, was wir wahrnehmen und für wirklich halten, zunächst nur in unserem Bewusstsein existiert und nicht in der Realität. Anders gesagt, die sog. Realität ist immer die von unserem Bewusstsein erzeugte Realität. Da unser Bewusstsein über die Fähigkeit verfügt, sich selbst zu beobachten, sind wir in der Lage, uns von Vorstellungen unseres Bewusstseins über uns selbst zu distanzieren und so unser Ich zu überschreiten. Wir werden freier von den Bindungen an die sog. Realitäten. Wir leben im Jetzt, im Bewusstseinszustand der Gegenwärtigkeit.

Während *Emanzipation* auf Entwicklung abzielt, auf Befreiung von einengender und einseitiger Prägung durch unsere frühen Bezugspersonen, weist *Gegenwärtigkeit* auf die Erfahrung hin, dass wir trotz aller Beschränkungen und Verletzungen immer schon da sind, wo wir hinwollen. „Schon da sein" heißt, dass wir bei unseren psychologischen Emanzipationsschritten eine Position einnehmen können, die uns die Gewissheit gibt, hintergründig immer schon da zu sein, wo wir hin wollen, nämlich im Jetzt. Was auf der Verstandesebene wie ein Widerspruch aussieht, erscheint auf der spirituellen Ebene als ein Paradox, das heißt als sich nicht ausschließender Gegensatz, sondern als sich bedingende Polarität.

Bildlich gesprochen lässt sich das Zueinander von psychologischer Emanzipation und spiritueller Gegenwärtigkeit mit dem Stehen auf zwei Beinen beschreiben: Mit einem Bein stehen wir in unserem Alltagsbewusstsein, fest verankert im Fluss der Zeit, in dem es Vergangenheit und Zukunft gibt und in dem wir uns entwickeln und verändern (psychologischer Aspekt); mit dem anderen Bein stehen wir außerhalb der ablaufenden Zeit, im Augenblick des Jetzt, das keine Vergangenheit und Zukunft kennt und damit keine Veränderung und Entwicklung, denn jede Zukunft ist ein neues Jetzt, nur im Bewusstsein existiert sie als Nicht-Jetzt. Mit der Vergangenheit ist es ebenso: was uns als Vergangenes erscheint, war damals, als es geschah, ein Jetzt. Emanzipation bezieht sich also auf die zeitliche Außenseite unseres Selbst, Gegenwärtigkeit auf dessen zeitlose Innenseite. In der Odyssee existieren beide Aspekte nebeneinander, vorausgesetzt, man hat ein Auge, das Beides wahrnimmt. Odysseus steht auf zwei Beinen: dem psychologischen und dem spirituellen. Beide sind im Epos des Homer nicht getrennt, weil es zu seiner Zeit noch kein ausgeprägtes Bewusstseins von dieser Trennung gab.

16

Damit ist ein weiteres Merkmal des spirituellen Weges angesprochen. Dieser geht davon aus, dass es eine Evolution des Bewusstseins gibt. Die Zeit des Homer gehörte der mythischen Bewusstseinsstufe an, das heutige Zeitalter der integralen Stufe. Wir können immer nur von einem bestimmten Bewusstseinszustand aus unser Bewusstsein wahrnehmen. Der hier vorgelegte Versuch geht von der Vorstellung aus, dass sich in Odysseus diese beiden Bewusstseinszustände aufspüren lassen.

Es bedarf noch einer weiteren Klärung. Spirituelles Bewusstsein ist nicht auf Inhalte bezogen. Dadurch unterscheidet es sich von der Religion. Am Beginn der großen Religionen stand in der Regel eine spirituelle Erfahrung, die dann mit Riten, Lehren und institutionellen Formen angereichert wurde und sich zu einem fest definierten System weiterentwickelt hat. Dies gilt besonders für das Christentum, an dessen Beginn die spirituelle Praxis eines Wanderpredigers namens Jesus aus Nazareth stand. Spirituelles Bewusstsein sucht wieder hinter die Inhalte zurückzugehen und verzichtet darauf, Zuflucht zu nehmen bei religiösen Glaubensinhalten oder metaphysischen Positionen. Im Gegenteil: Durch Selbstbeobachtung findet spirituelles Bewusstsein Abstand zu gegebenen Inhalten, von Gedanken darüber und Gefühlen dazu. Dies gelingt dadurch, dass es diese Inhalte und Dogmen als mentale Muster durchschaut, denen keine Entsprechung in der äußeren Realität zukommt. Genau dieses Sich-Freimachen und Leer-werden wird als Weg zu einem anderen Bewusstsein verstanden, welches das Ich übersteigt. In den östlichen Weisheitslehren, vor allem in der altindischen Vedanta-Lehre, wird als Weg zum Freiwerden von eigenen Vorstellungen über sich selbst die Frage gestellt: „Wer bin ich?" und „Wer ist es, der diese Frage stellt?" Dabei soll der Fragende erkennen, dass es kein substantielles Selbst gibt und dass das „wahre Selbst" niemals in Konzepte zu fassen ist, sondern nur auf dem Weg ständiger Dekonstruktion – verstanden als Aufgeben der Anhaftung an diese Vorstellungen – zu sich kommt. Diese Leerheit des Selbst spiegelt sich auch in den Antworten, die die alten Schriften auf die Frage nach dem „Wer bin ich?" geben: nicht dies, nicht das! Dies gilt auch für die typischen Vorstellungen und Konzepte, die viele mit dem spirituellen Weg verbinden: Erleuchtung, Befreiung, Meditation, Eins-werden, Gottheit, wahres Selbst. Von all dem muss Abstand genommen werden! Das Selbst ist nicht dies, nicht das!

Diese Bewegung des Sich-Freimachens von mentalen Vorstellungen über das eigene Selbst, über Gott und die Welt, betrifft auch die scheinbar selbstverständliche Weise, wie wir uns der Welt und uns selbst annähern: Nämlich in der Weise der Trennung von Subjekt und Objekt. Dieses typisch abendländische Getrenntheits-denken ist für unser psychologisches Ich, wie es sich im Alltag bewegt, notwendig und hilfreich. Wir können nicht darauf verzichten, wenn wir uns in der Welt der Phänomene bewegen und uns sinnvoll verständigen wollen. Aber es bedarf auch der Infragestellung dieses trennenden Denkens, weil es mitunter ziemlich rigide spaltet zwischen Subjekt und Objekt, Mensch und Kosmos, Diesseits und Jenseits. Dabei „vergisst" dieses distanzierende Denken zu unterscheiden zwischen der trennenden Bewegung unseres Verstandes und der Wirklichkeit. Spirituelles Bewusstsein geht demgegen-über davon aus, dass diese Dualität menschlicher Erkenntnis nur in unserem Verstand existiert, nicht aber in der Realität. Wir nehmen die Dinge getrennt wahr, die, wenn man sie anderes betrachtet, alle miteinander verbunden und vernetzt sind. Indem also das spirituelle

Bewusstseins verneint, dass den Konzepten über unser eigenes Selbst irgendeine Realität zukommt außer der Mentalen, verzichtet die spirituelles Einstellung auf die Gewissheit irgendeines positiv vorhandenen Seins, auf das man sich beziehen könnte. Deshalb verhält sich spirituelles Bewusstsein kritisch zu allen affirmativen Begriffen, auch wenn es selbst nie ganz darauf verzichten kann, sich mittels Sprache verständlich zu machen. Dann aber bevorzugt es die Sprache der Negation und spricht lieber von Nicht-Dualität, Nicht-Selbst, Leerheit, nicht dies, nicht das.

I. Modell Odysseus: Emanzipation und Gegenwärtigkeit

Als ich als Schüler eines altsprachlichen Gymnasiums die Odyssee (in Griechisch) gelesen habe, waren mir die Abenteuer des Helden schon aus Kindertagen bekannt. Schwab's klassische Sagen des Altertums übten damals eine eigentümliche Faszination auf mich aus, wenn ich die Reisen des listenreichen Odysseus mit meinen eigenen Phantasien ausmalen konnte. Später als Student bildete die Dichtung des Homer eine Art Reisebegleiter zu den verschiedenen Küsten und Inseln des Mittelmeeres, die alle für sich in Anspruch nahmen, den Reisenden aus Ithaka aufgenommen zu haben. Überall begegnet einem entweder eine Höhle der Kalypso, ein Ufer der Sirenen oder eine Insel des Polyphem. Durch solche sagenhaften Bezüge zum listenreichen Odysseus scheint ein Ort gewissermaßen geadelt zu werden. Er verspricht seinem Besucher selbst an der Erprobung und Bewährung Teilhabe zu geben, die den antiken Helden zu einem Modell, einer Art Identifikationsobjekt für den Reisenden macht. Als ich dann Psychoanalytiker wurde, las ich die Wege des Helden mit anderen Augen und verstand seinen abenteuerlichen Weg als äußere Erzählung einer inneren Entwicklung. Die Fahrt von Insel zu Insel über das äußere Meer wurde zur Reise durch das Meer des Unbewussten. Odysseus hüpft sozusagen von Insel zu Insel, er will und darf nirgendwo bleiben. Er bleibt, einen Moment, manchmal auch Jahre, wie bei Calypso, dann zieht er weiter. Insofern stehen die einzelnen Stationen als Metapher für den Augenblick, den man nicht festhalten kann. So gesehen bedeutete das Bleiben Stillstand, weil der jeweilige Augenblick verpasst würde. Entwicklung gibt es nur, wenn es entlang der Angstgrenze neue Inseln zu entdecken gibt. Aber auch das Hüpfen von Insel zu Insel kommt an einen Punkt, wo zumindest der Eindruck entsteht, es gehe ums Bleiben und Verweilen: Ithaka. Auf das Ankommen an diesem Ort läuft alles hinaus. Es scheint so zu sein, dass die Reise des Helden – Metapher für Entwicklung und Emanzipation – am Zielpunkt Ithaka – Metapher für das Gegenwärtigkeit und dem Verweilen im Jetzt – endet. Dem Wunsch, dass ein Ankommen und Verweilen möglich ist, wird durch diese Lesart entsprochen. Es wird sich jedoch zeigen, dass dieses Ankommen paradoxerweise kein Verweilen bedeutet, sondern wiederum mit einem Weitergehen, einem Loslassen des Vertrauten, für Odysseus die Heimat Ithaka, verbunden ist. Damit ist bereits die hier eingenommene psycho-spirituelle Doppelperspektive angesprochen.

Vermutlich hatte ich das bereits als Jugendlicher so empfunden, ohne dass es mir bewusst war. So wirken große Stoffe der Weltliteratur. Sie berühren eine Seelenschicht, die weiter reicht als der Verstand und das bewusste Denken. Ohne Absicht versteht man die Geschichten des Helden nicht nur als äußere Erzählungen, sondern als eine symbolische Dichtung. Als solche berührt sie eine Ebene, die die Psychoanalyse das Unbewusste nennt. Wenn das Außen das Innen widerspiegelt, entsteht Spannung, die offenbar daher rührt, dass von etwas die Rede ist, zu dem der Leser eine Beziehung aufgebaut hat und das in seinem Inneren Resonanz und Echo hervorruft.

Diese Resonanzfähigkeit des Stoffes bildet wahrscheinlich einen der Gründe, warum die Wirkungsgeschichte der Reise des Odysseus so immens und die Literatur zur Odyssee so unzählig ist. Mit der Ilias bildet sie das große Epos am Beginn der europäischen Literatur. Beide Epen waren das große Nationalepos im alten Griechenland und prägten die Kultur. Kinder und Jugendliche lernten die Verse auswendig mit dem Ziel, ihnen die bestmögliche Charaktererziehung angedeihen zu lassen. Xenophon (426-355 v. Chr.), ein griechischer Geschichtsschreiber und Politiker, begründet diese pädagogische und therapeutische Wirkung von Homers Werk damit, dass er „über alles Menschliche" gedichtet habe, also einen Einblick in die inneren Vorgänge des Menschen gehabt habe, die er in die einzelnen Gestalten der Außenwelt verlagert (Vgl. Szlezak 2012, 12).

Diese inneren Vorgänge kann man unter psychologischen Aspekten betrachten – das ist die in den modernen Auslegungen vorherrschende Lesart – oder unter weisheitlich-spirituellen Gesichtspunkten. Dann erscheint Odysseus nicht mehr nur als derjenige, der sich im Bestehen seiner Abenteuer zu einem gereiften Individuum entwickelt, sondern auch als einer, der seine eigene mühsam erworbene Individualität, sein Ego, wieder in Frage stellt, es übersteigt und sich als Teil eines großen übergeordneten Ganzen versteht. In dieser doppelten Perspektive gelesen steht Ithaka nicht nur für seine ersehnte Heimat mit Frau und Sohn, sondern auch für sein spirituelles Selbst, für sein Ankommen im Jetzt. Dann erscheint seine Reise nicht nur als Weg, auf dem er sich emanzipiert aus unbewussten Bindungen, sondern auch als ein Voranschreiten zu einer immer neuen Gegenwärtigkeit. Odysseus wird so gelesen als jemand, der eine zweifache Weise seiner Selbstverwirklichung praktiziert zwischen Psychologie und Spiritualität, wobei jeder Aspekt seine eigene Bedeutung und Berechtigung hat und nicht durch den jeweils anderen ersetzt werden kann. Das macht die besondere Perspektive dieses Buches und meine spezielle Sicht auf die Odyssee aus.

Bevor ich dieses Nebeneinander beider Aspekte näher begründe und ausführe, möchte ich noch ein paar eher allgemeine Hinweise geben auf die besondere Wirkung, die dieser uralte Stoff in der geistigen Entwicklung des Menschengeschlechts gehabt hat.

Wegen der tiefen Kenntnis über das Menschliche haben die Gesänge des Homer nicht nur geschichtliche, philosophische und psychologische Interpreten dieses Werkes, sondern auch Dichter und Schriftsteller angeregt, neue Sichtweisen vom Menschen und seiner Lebensreise hervorzubringen. Bei allen steht der Reisende aus Ithaka Pate. So ist das mit Werken und deren Figuren, die etwas Überzeitliches an sich haben: sie regen dazu an, dass jede Epoche sie neu erfindet und sich, wie in unserem Fall, ihren eigenen Odysseus erschafft. Das gelingt wohl nur deswegen, weil dieses große Werk weniger Antworten gibt auf die zentralen Fragen der menschlichen Existenz, sondern die Fragen danach wach hält. Damit lädt Homers Werk jede Generation ein, neue Antworten auf die Frage nach dem Lebensweg des Menschen zu suchen oder wenigstens die Fragen danach nicht verstummen zu lassen. Es geht also in den therapeutischen und spirituellen Erkundungen zur Odyssee nicht darum, den Text nach Art der Literaturwissenschaft fachgerecht auszulegen, verbunden mit dem Anspruch, herauszufinden, was der Autor wohl gemeint hat. Auch ist nicht meine Absicht, einen historischen Bezug zu den Reisen des Odysseus herzustellen, obwohl diese Frage im 19. Jahrhundert besonders interessierte. Sie führte u. a. zu dem Versuch, einen Ruinenhügel in der nordwestlichen Türkei für das Troja aus dem Trojanischen Krieg der Ilias zu halten, wie es der Kaufmann und Archäologe Heinrich Schliemann (1822-1890) tat. Unabhängig davon gilt der Befund der modernen Epenforschung, dass „so gut wie allen großen

Epen der Weltliteratur an ein historisches Ereignis anknüpfen, das sie in vielfältigen Ausgestaltungen zäh bewahren", wie der Homerforscher Wolfgang Schadewaldt vom Altphilologen Szlezak (2012, 34f) zitiert wird. Auch dieser sucht Homer aus der Rolle des Historikers zu befreien, der „nicht der Chronist irgendwelcher realer Ereignisse" ist, „sondern der Schöpfer einer eigenen, dichterischen Welt, in der alles ‚Reale' nur Hintergrund und Material für das Entstehen Lassen von Sinn und Bedeutung im Bereich des Menschlichen sein kann" (ebd. 37).

Wenn also schon der Dichter selbst Sinn und Bedeutung im Bereich des Menschlichen – also psychologische, soziale und weisheitliche Aspekte – entstehen lässt, so kann es für den Leser selbst ja nur darum gehen, diesen Sinn und diese Bedeutung für sich selbst neu entstehen zu lassen, denn beide Kategorien, Sinn und Bedeutung, sind ja hochsubjektiv und entziehen sich der objektivierenden Festlegung. Dennoch wird Sinn nicht in einem luftleeren, geschichtsfreien Raum erzeugt, sondern in einer bestimmten Phase der menschlichen Bewusstseinsentwicklung. Diese wahrzunehmen ist deshalb hilfreich, weil sie vor einem konkretistischen oder historisierenden Verständnis der einzelnen Stationen des Odysseus auf seiner Reise schützt und den Weg ebnet, „Sinn und Bedeutung" jeweils neu zu formulieren.

Odysseus: der erste moderne Mensch im Horizont der Bewusstseinsevolution

Odysseus, der Held dieses Epos, ist nicht nur ein einzelner Mensch. Er steht sozusagen als Synonym für *den* Menschen, genauer für den *„modernen"* Menschen, der aus den Bindungen an die Natur herausgetreten ist, sich von magischen Vorstellungen emanzipiert hat und sich seiner eigenen Existenz und seiner Verantwortung für sie bewusst geworden ist. Als solcher sucht er seinen Weg, der ihm nicht einfach vorgegeben ist, sondern der entdeckt und riskiert werden will. Dabei steht er zwar immer in Bezug zu den übergeordneten Kräften, die durch die Götter repräsentiert werden, aber dies entbindet ihn nicht davon, sich selbst zu erfinden. Er wird zum homo faber, zum Schöpfer seiner selbst. Deshalb hat er auch so schillernde Beinamen wie der Listenreiche, der Vielgewandte, der Göttliche, der Dulder oder der Vielverschlagene. Er erscheint manchmal wie eine chamäleonhafte, multiple Persönlichkeit die – modern gesprochen – an einer Identitätsstörung leidet. Es scheint sich hier schon etwas vom Menschentyp anzubahnen, der in der Moderne und Postmoderne so erwünscht ist: jemand, der nicht auf einen Persönlichkeitsanteil festgelegt ist, sondern sich flexibel und situationsbezogen an die jeweiligen Erwartungen und Erfordernissen anpasst und sich stets neu erfindet. Für die Individuation des Odysseus benötigt er die Aktivierung vieler Persönlichkeitsaspekte, um seinen eigenen Lebensweg zu finden. Manchmal muss Odysseus die Menschen oder die Götter mit einer List hinters Licht führen, um sich selbst aus einer gefährlichen und bisweilen tödlichen Lage zu retten, bisweilen muss er geradezu „um die Ecke" denken, um ans Ziel zu kommen oder auch einfach seiner Intuition folgen, um richtig zu handeln. Er hätte nicht überlebt, wenn er sich selbst auf einen Charakterzug oder eine Eigenschaft reduziert hätte. In dieser Vielfalt spiegelt er den sich entwickelnden modernen Menschen wieder, der sich nicht auf einen Aspekt seiner Persönlichkeit oder eine Seite seiner Begabung reduzieren lassen will. Diese Vielfalt in den Persönlichkeitsanteilen spiegelt sich auch in dem Götter-himmel, der über ihm aufgespannt wird. Hier hat nicht einer das Sagen, sondern ein buntes Stimmengewirr führt oft zu Konflikten der Götter untereinander, wenngleich sich in der Zeit der Odyssee Zeus als der oberste und mächtigste Gott durchsetzt. In unserem Stoff erwachsen aus den Konflikten zwischen Athene, Zeus und Poseidon die Regieanweisungen, die vom Olymp ausgehen und das Schicksal des Helden bestimmen. Der Götterhimmel spiegelt aber nicht nur die vielschichtige Persönlichkeit des Menschen Odysseus wider wie auch umgekehrt, sondern von der oberen Welt des Olymp wird seine Persönlichkeit auch zusammengehalten. Das unterscheidet ihn vom heutigen Typ einer multiplen, eher dissoziierten Persönlichkeit, dessen Selbstanteile nicht mehr von einer zentralen Instanz zusammengehalten und integriert werden.

Das Bewusstsein, dass Odysseus eine in sich kohärente Persönlichkeit ist, die sich nicht aufspalten lässt, verdankt sich einer Zeit, in der die Idee der Einheit der Person sich vor allem in einem neuen Typ von Religion ausdrückt. Es ist die Geburt der Monotheismus, mit der auch das Bewusstsein des Menschen als eines einheitlichen Ichs entsteht. Dieses vereinheitlichende Bewusstsein trat als strenger religiöser Monotheismus in Israel in der Zeit der Propheten im achten vorchristlichen Jahrhundert auf, die monotheistische Vorstellungsstruktur hatte aber eine lange Vorgeschichte, die zurückreichte bis in die Zeit der 18.

Dynastie in der ägyptischen Geschichte, genauer zu den Pharaonen Amenophis III. und Amenophis IV., der sich Echnaton nannte, weil er den Sonnengott Aton als einzigen Gott anerkannte und in den 17 Jahren seiner Regierungszeit von 1365 bis 1382 im ganzen Reich durchsetzte.

Der Zusammenhang von Ichwerdung im Sinne der Differenzierung der Persönlichkeit und dem Glauben an einen einzigen und einen Gott wird anhand einiger Merkmale deutlich, die das Ich kennzeichnen: Seine Einheit, seine Abgegrenztheit und Differenziertheit, seine Bereitschaft, seine Grenzen zu verteidigen und sich in eine Position des Gegenübers zur Welt und zu den unmittelbaren eigenen Wünschen und triebhaften Bedürfnissen des Körpers zu begeben. Im Bilderverbot, das mit der Entstehung des Monotheismus die Bühne der Welt betritt, drückt sich diese Begrenzung der Sinnlichkeit ebenso aus wie in den Grenzen, die sich Odysseus bei Kirke, den Sirenen oder den Rindern des Helios setzt. Der Unterschied zu heutigen Persönlichkeitsstrukturen besteht darin, dass die antiken Modelle von der Idee der Einheit und Bezogenheit der Person bestimmt werden, die sie vor Fragmentierung, Spaltung und Zerfall schützen.

Etwa zur gleichen Zeit, in der die Odyssee Homers entstand, wurde auch der biblische Bericht vom Paradiesesgarten Eden und von der Vertreibung aus dem Paradies verfasst. Odysseus ist der Mensch, der vor den Toren jenes Gartens steht, in den es kein zurück mehr gibt. Er ist in die Welt vertrieben und muss im „Schweiße seines Angesichtes" seinen Weg suchen. Das verlorene Paradies besteht nur noch in der Erinnerung. Für den Einzelnen ist es oft die Kindheit, für die Menschheit als Ganze ist es die Phase, in der sich der Mensch noch aufgehoben und geborgen fühlte im Kreislauf der Natur und sich von höheren Mächten abhängig wusste. Dieses Aufgehobensein gab ihm zwar Sicherheit, aber legte sein Leben in engen Grenzen fest. Die Idee, selbst zu gestalten, Grenzen zu erweitern und relative Autonomie zu erlangen, entstand allmählich in der Zeit der sog. jungsteinzeitlichen Revolution, in der die Menschheit sesshaft wurde, was soviel heißt, als dass sie aus dem Zyklus der Natur, der sich in der Nomadenexistenz ausdrückte, ausstieg. Die Menschen zogen nicht mehr mit den Herden der Tiere durchs Land, sondern grenzten sich von der Natur ab, indem sich Häuser bauten und sich zunehmend mehr als Mittelpunkt ihrer Welt erlebten.

Diesem zu sich selbst und seinen neuen Möglichkeiten erwachten Menschentyp begegnen wir in der literarischen Gestalt des Odysseus, · vor allem aber in den späteren Interpretationen. Er wird zum Prototyp des modernen Menschen, dessen Neugier sich zu einem enthemmten Erkenntnisdrang steigern wird. Dadurch erzielt er zwar Fortschritte, verliert aber auch seine Begrenzung. Er ist hin- und her gerissen zwischen Selbstüberschreitung und Selbstbegrenzung, er hüpft von der Insel der Emanzipation zur Insel des Verweilens im Sein und versucht, eine Balance zwischen beiden Polen zu finden. Dass ein solches zweipoliges Modell entstehen konnte, war nur möglich in einer bestimmten Phase der Bewusstseinsentwicklung des Menschengeschlechts, nämlich der mythischen, in der die Erinnerung an den vorherigen Zustand des Enthalten-Seins im Ring der Zeit und im Schoß des Seins ebenso enthalten war wie der Drang zur Entgrenzung und Emanzipation.

In seinen Arbeiten zur Bewusstseinsevolution geht Jean Gebser (1986) von fünf Stufen des Bewusst-

seins aus: der archaischen, der magischen, der mythischen, der mentalen und der integralen. Diese Bewusstseinsstufen nehmen ihren Ausgang von der Noch-nicht-Getrenntheit des Einzelnen aus dem ihn umgebenden natürlichen Lebenskreis. Ich und Natur sind eins. Am Anfang, in der **archaischen** *Zeit, gleichsam vor dem Bewusstwerden der eigenen Identität, gingen die Menschen ohne Freude ins Leben und ohne Angst in den Tod. Erst in der* **magischen** *Phase tritt das Erleben von Fremdheit hinzu. Das individuelle Ich hat sich in dieser Phase schon etwas aus dem natürlichen Lebenskreis gelöst. Das Lebensschicksal, Krankheit und Tod, erscheinen nicht mehr als selbstverständlich oder natürlich, sondern als Wirkung von magischen Kräften in Gestalt von Dämonen oder Zauberern. Erst in der* **mythischen** *Phase beginnt das Einheitsdenken aufzubrechen. Der Einzelne erlebt sich jetzt unterschieden von der Umwelt, er wird mehr zu einem Individuum, was sich darin zeigt, der er jetzt nicht mehr von magischen Mächten gesteuert wird, sondern von Göttern, die nach menschlichem Maß gestaltet sind. Die Götter sind Projektionen des erwachenden Ichs, welches in Folge des Heraustretens aus dem zyklischen Kreis der Natur entsteht. Dieses Ichbewusstsein durchschaut sich noch nicht als seine eigene Schöpfung, sondern wird auf dem Wege der Externalisierung sich seiner selbst als ein gegenüber bewusst. Das mythische Bewusstsein spiegelt die Differenz zwischen Mensch und Umwelt, zwischen Subjekt und Objekt, die künftig die zentrale Weise der Welterfahrung bilden wird. Infolge dieser Abgrenzung des Einzelnen vom Lebenskreis tritt auch das Schicksal als ein*

Gegenüber auf den Plan, dem man sich widersetzen oder fügen kann. In dieser Zeit schafft Homer seinen Helden, der sich als seines selbst bewussten Ich mit dem Schicksal auseinandersetzt, es gestaltet und damit zum Mit-Schöpfer seines eigenen Lebens wird. Hier drückt sich das moderne Selbstverständnis zum ersten Mal literarisch aus: dass nämlich der Einzelne Schmied seines Glückes ist.

Neben dieser Emanzipation aus natürlichen Bindungen bleibt aber das Bewusstsein von Begrenzung und Abhängigkeit von übergeordneten Mächten erhalten. Erst im Übergang von der mythischen zur **mentalen oder rationalen** *Phase der Bewusstseinsentwicklung – der Weg vom Mythos zum Logos – trennt sich das sich seiner selbst gewiss werdende Ich von seinem natürlichen Umfeld ab. Indem Maße, indem das Ich erstarkt wird auch der Tod als ein Gegenüber erlebt und das Leben erscheint als letzte Gelegenheit. Das rationale Denken und der Erkenntnisfortschritt werden nun zum Garanten der Eigenständigkeit und Unabhängigkeit des Einzelnen. Im Denken erfährt der Mensch Gewissheit, und dieses Wissen um die Existenz ist dem Menschen angeboren. In der vorläufig letzten Phase, der* **integralen** *sind die Errungenschaften der vorherigen aufgehoben.*

Wenn wir also den Helden aus Ithaka betrachten, wie Homer ihn als literarischen Vertreter der mythischen Phase in der Bewusstseinsevolution schuf, dann stellt sich die Frage nach der Antiquiertheit des Odysseus. Ist dieses Modell nicht längst überholt? Ist die mythische Phase, der er angehört, nicht längst abgelöst von der rationalaufgeklärten Phase, in der die Menschheit die Bindungen an natürliche Kräfte, Geister, Götter und Gott aufgegeben hat?

Bevor man in dieser Sicht Odysseus als längst überholt hinter sich lässt, könnte man sich aber auch mit Adorno und Horkheimer fragen, ob es nicht zu den Verblendungen des aufgeklärt-rationalen Weltbildes gehört, anzunehmen, dass damit die Probleme des vorherigen Bewussteinstufens erledigt seien. Die erwähnten kritischen Zeitdiagnostiker haben uns mit ihrer „Dialektik der Aufklärung" (1947) auf diese Illusion hingewiesen. Ihre erste These heißt: Bereits der Mythos ist Aufklärung, und ihre zweite lautet: Aufklärung schlägt um in Mythologie. Sie stellen fest, dass die aufgeklärte Vernunft und der moderne Fortschrittsglaube selbst neue Mythen erzeugen, nämlich die von der Machbarkeit und der Letztgültigkeit der sog. empirischen Fakten, auf die sich die moderne Vernunft so gerne beruft. Das Problem besteht also nicht in der Bedeutung der zweckrationalen Vernunft der Moderne, sondern darin, dass diese ihren Gegenpol aufgegeben hat. Das „Andere der Vernunft" ist verloren gegangen. Insofern steht Odysseus als Inselhüpfer zwischen den Inseln des Gegenwärtigseins und denen der Emanzipation und somit für die „Dialektik der Aufklärung".

Während der homerische Odysseus diese Verbindung von Grenzüberschreitung und Begrenzung durch höhere Mächte aufrechterhält, mithin die Spannung von Sein und Handeln aushält, kennzeichnet die nachfolgenden literarischen Odysseus-Gestalten der Riss zwischen den beiden Polen Grenzerweiterung und Begrenzung, Gegenwärtigkeit und Emanzipation. Der Odysseus des Homer wird sowohl als der Listenreiche als auch als der

31

Dulder gekennzeichnet, zwei Eigenschaften, die einerseits der Grenzerweiterung und Emanzipation, andererseits der Grenzwahrung und Gegenwärtigkeit zuzuordnen ist. Als Listenreicher besiegt der Held die übermächtigen Gestalten, die ihn bedrohen, so den Riesen Polyphem. Als Duldender ist er derjenige, der Grenzen akzeptiert und zur weisheitlichen Selbstbegrenzung in der Lage ist, wenn er sich z. B. an den Mast seines Schiffes binden lässt, um dem Gesang der Sirenen zu widerstehen oder dem Drang, die Rinder des Helios zu schlachten, nicht nachgibt. Das Leiden an den Grenzen nimmt er wegen des spirituellen Gewinns dabei in Kauf. Beides, List und Duldung, Neugier und Begrenzung, Emanzipation und Gegenwärtigkeit sind in der Figur, wie Homer sie schuf, vereint.

Die moderne Vereinseitigung des Odysseus

Bereits in der lateinischen Fassung dieses Stoffes, in der römischen Dichtung des Vergil, zerreißt dieses Band zwischen List und Duldung, das beide Pole zusammenhält. Vergil entwirft einen Ulysses, der fast ausschließlich als der Listige dargestellt wird, aber mit einem deutlich negativen Beigeschmack. Weil die Verbindung zum weisheitlichen Dulden verloren geht, erscheint das Listige als etwas Sündhaftes. Dies wird besonders deutlich in den mittelalterlichen Rezeptionen, denn dem Mittelalter war nur die vergilsche Fassung bekannt. Der emanzipatorische Erkenntnisdrang des Odysseus schlägt um in die größte Hybris, die sich der Mensch im antiken und christlichen Horizont zu schulden kommen lassen kann. Es ist das Sein-wollen-wie-Gott, das seit Augustinus zur schwersten aller Sünden gezählt wird und das Horst Eberhard Richter (1979) den „Gotteskomplex" des modernen Menschen nennt. Durch das Sein-Wollen-wie-Gott ist sogar der Teufel entstanden, der wegen dieses Begehrens in die Tiefen der Unterwelt gestürzt wurde.

Am Ende des Mittelalters, als sich das Bewusstsein von diesen Begrenzungen und Verboten allmählich befreite, erschien auch Odysseus in neuem Licht. In Dantes Göttlicher Komödie mutiert Odysseus zum modernen Kolumbus, den ein unbändiger Drang nach Abenteuer und Wissen kennzeichnet. Nicht mehr die Rückkehr zu seiner Heimat, sondern das ewige Unterwegssein, ohne je anzukommen, wird jetzt zu seinem hervorstechendsten Charakterzug (vgl. A. Assmann, 1994). Die Grenzen des Wissens und damit die Grenzen der damals bekannten Welt werden ins Unendliche erweitert. Dante greift einen Hinweis aus Homers Werk auf, der dort aber nicht weiter ausgeführt wird. Als sich Odysseus nämlich auf seiner Heimfahrt in der Unterwelt befindet, wird ihm vom Seher Teiresias prophezeit, dass er, bevor er auf Ithaka sterben werde, noch einmal aufbrechen müsse, um dem immer noch zürnenden Poseidon an fernsten Gestaden ein Versöhnungsopfer darzubringen. Bei Dante wird daraus das Motiv einer nie endenden Fahrt. Er erreicht bei Gibraltar die Grenzen der damals bekannten Welt und begeht den Frevel, die Grenzen der Welt zu überschreiten und ins völlig Ungewisse aufzubrechen.

Zwei Reisemodelle

Mit diesen modernen Interpretationen der unendlichen Reise hat sich neben der Odyssee das andere große Reisemodell der Antike durchgesetzt, dass aus der jüdischen Überlieferung stammt, nämlich das des

33

Abraham, neben den Griechen die zweite große Quelle, aus der sich das abendländische Denken entwickelt hat.

Das jüdische Reisemodell kontrastiert mit dem des Homer. Wahrend Odysseus – vordergründig gesehen – an den Ausgangspunkt seiner Reise zurück kehrt, gibt es für Abraham keine Rückkehr. Abraham bricht aus seiner Heimat Ur in Chaldäa auf in ein neues Land, in dem Milch und Honig fließen und das seine neue Heimat werden soll. Das Abraham-Modell findet im jüdischen Kulturkreis eine Neuauflage im sog. Exodus, dem Auszug der Hebräer aus Ägypten ins gelobte Land, das sie unter der Führung des Mose in Besitz nehmen und das zum Gründungsmythos für das jüdische Volk werden wird. Hier geschieht die Reise vor allem als Aufbruch ohne Rückkehr zum Ausgangspunkt. Wir haben es also einmal mit einem eher *linear-evolutiven* und einmal mit einem *zirkulär-zyklischen* Reisemodell zu tun.

Das Lineare und das Zyklische stehen für je einen Aspekt der Selbstwerdung des Odysseus: Die lineare Vorstellung für nie endende psychologische Entwicklungsprozesse des Menschen, die erst mit seinem Tod an ein Ende kommen; das zyklische Modell für die Gegenwärtigkeit im Jetzt, welches von der spirituellen Erfahrung ausgeht, dass wir immer schon da sind, wohin wir unterwegs sind.

Innerhalb des zyklischen Modells der homerischen Odyssee begegnet uns ein reisender Mann mit seinen Gefährten, der von den Göttern gezwungen wird, seine Reise von Troja nach Ithaka in viele kleine Reiseabschnitte zu zerlegen. In den einzelnen Abschnitten, die ihn von Insel zu Insel führen, spiegelt sich die Dynamik der Gesamtreise wider. Äußerlich gesehen reist er dahin, woher er gekommen ist, nämlich nach Ithaka zu seiner Frau Penelope und seinem Sohn Telemach. Zehn

Jahre wird er unterwegs sein, aber nicht nur um auf Ithaka, sondern um bei sich selbst anzukommen. Ithaka steht für ihn selbst und sein psychologisches Ich, seine familiäre Vernetzung und seine sozialen Bindungen, aber es steht auch für etwas, was über ihn hinausweist, sein Selbst. Es ist das psychologische Ich und das spirituelle Selbst, die beide mit der Rückkehr nach Ithaka zu erreichen sind. Dabei ist das spirituelle Selbst nicht etwas, das erreicht werden muss, weil es gar nicht erreicht werden kann. Denn dann wäre es ja ein etwas, ein Vorhandenes, ein Inhalt. Es kann nicht erreicht werden, weil es immer schon da ist. Nur die Täuschung des Geistes verhindert, dass das Bewusstsein für die Gegenwärtigkeit des Selbst noch nicht vorhanden ist. Diese Dramatik der Selbstwerdung, und zwar in einem psychologischen und einem spirituellen Sinn, kommt darin zum Ausdruck, dass er jede rettende Insel, die er erreicht, auch wieder verlassen muss, was ihm da besonders schwer fällt, wo er sich an der Seite einer Frau wie Calypso und Kirke sicher und aufgehoben fühlt. Dieses Inselhüpfen verhindert eine gradlinige Entwicklung. Es gibt Fortschritte und Rückschläge. Jede Insel, die er im gefährlich tobenden Meer erreicht, versinnbildlicht eine neue Bewusstseinsstufe, die er dem Meer des Unbewussten abtrotzt. Ankommen und Loslassen werden im Homerschen Reisemodell als zwei Seiten einer Medaille dargestellt.

Das Bild von der Reise beinhaltet noch etwas anderes. Eine Reise hat immer einen Ausgangspunkt. Wir reisen immer von irgendwo aus, meistens von dem Ort aus, wo wir uns zu Hause fühlen. Das aber ist schon die einzige Gemeinsamkeit aller Reisenden. Der Zielpunkt ist das entscheidend andere. Ist das Ziel der Endpunkt wie bei denen, die auswandern und die die Reise ihres Lebens beenden oder ist das Ziel die Rückkehr an den

35

Ausgangspunkt wie bei den meisten Reisen, die wir unternehmen, wie etwa im Urlaub oder auf Geschäfts- oder Dienstreisen.

Mit der Dichtung von Vergil und Dante steht der moderne Odysseus fest: Es ist derjenige Typ, der von entfesseltem Wissens- und Erkundungsdrang angetrieben wird, sich emanzipiert und die weisheitliche Selbstbegrenzung aufgegeben hat. Genau diesen modernen Odysseus hatten Adorno und Horkheimer vor Augen, als sie mit Blick auf ihn davor warnten, Aufklärung könne in Mythos umschlagen, wenn er die Verbindung zum Gegenpol, der weisheitlichen Begrenzung des Mythos, verliere. Aus diesem Grund möchte ich den ganzen Odysseus wieder in den Blick gewinnen und nicht den halbierten und um seiner spirituellen Dimension beraubten.

Entwicklung und Gewahrsein: der psychoanalytische und der spirituelle Blick auf die Odyssee (Ich-Selbst-Dynamik)

Diese für den homerischen Odysseus so typische Verbindung von Entwicklung und Gewahrsein, von Entgrenzung und Begrenzung, von emanzipatorischer Selbstüberschreitung und weisheitlicher Selbstbegren- zung, von Ich und Selbst, wird auch von der heutigen Bewusstseinsforschung der Phase zugeschrieben, die als die integrale der mentalen Phase folgt. In ihr sind die Einsichten und Weisheiten der vorherigen Stufen enthalten. Im Mentalen und Rationalen besteht also das Weisheitliche fort. Beide bilden auf der integralen Stufe eine polare Einheit.

Was ist damit gemeint? Kennzeichen der rational-mentalen Phase, die mit der sog. monotheistischen Aufklärung begann und in der europäischen Aufklärung mit ihrem naturwissenschaftlich-technischem Zugriff auf die Welt ihren Höhepunkt fand, ist ein Denken, welches streng dual ausgerichtet ist. Es gibt ein Subjekt, welches sich der Welt als Objekt bemächtigt. Dabei vergaß diese Denkform, dass der Mensch, der denkt, erkennt und handelt, selbst ein Teil dieser Welt ist. Deshalb kann man diese Weise des In-der-Welt-Seins auch als den Getrenntheitstyp bezeichnen oder als das Differenz-paradigma. Subjekt und Objekt sind danach geschieden. Das „Ich" erlebt sich als abgegrenzt und einmalig. Die Folge dieses Denkens, das der Philosoph René Descartes auf den Punkt gebracht hat, ist die, dass das Gefühl der Verbundenheit mit dem Ganzen verloren geht und sich der Einzelne am Ende von nichts mehr umfangen oder gehalten fühlt. Nietzsche hat mit der Rede vom Tod Gottes das Verschwinden der Bezogenheit auf ein großes Ganzes als entscheidendes Merkmal der Moderne auf den Punkt gebracht. Das heutige westliche Interesse an östlichen Philosophien und an Religion, die Beliebtheit des Buddhismus und das Suchen nach spirituellen Erfahrungen spiegelt den Verlust dieses rationalistischen Weges der westlichen Welt wieder, der sich aus dem einseitigen Getrenntheitsdenken ergibt. Daraus resultiert auch eine Aufblähung des Ichs, wie sie in der typisch westlichen Ich-Bezogenheit begegnet. Gegenpolig dazu verhält sich das auf Verbundenheit und Beziehung ausgerichtete Selbst.

Die polare Integration und Verbindung von Entwicklung und Gewahrsein, von Ich und Selbst, stellt sich als die heutige Aufgabe dar. Die Vorstellung von Entwicklung beinhaltet Bewegung, Unterwegsein und Ortswechsel.

Dafür steht Odysseus Modell, indem er von Insel zu Insel und von Küste zu Küste unterwegs ist. Gewahrsein bedeutet demgegenüber, in diesem Unterwegssein das Bewusstsein des Jetzt nicht zu verlieren, das jeder Entwicklung innewohnt. Denn auch Bewegung ist die Abfolge von Jetzt-Momenten, Zeit die Abfolge von Augenblicken, die wir nachträglich Vergangenheit oder Zukunft nennen. Gewahrsein ist das Bewusstsein davon, dass Abfolge, Ortsveränderung, Entwicklung immer aus Jetzt-Momenten komponiert sind und dass es außer dem Jetzt keine Realität gibt, es sei denn als mentales Konstrukt von Vergangenheit und Zukunft.

Duales Getrenntheits- und nicht-duales Verbundenheitsdenken

Die Bewusstseinsforschung geht davon aus, dass die Tendenz, diesen mentalen Konstrukten von Zeit eine nicht hinterfragbare Realität zuzusprechen, in der rationalen Phase ihren Höhepunkt erreicht hat. Diese Phase des Denkens, die von Getrenntheit und Differenz ausgeht, entwickelt sich weiter in eine Epoche des Bewusstseins, das neben der dualen, in Subjekt und Objekt, Ich und Welt aufgeteilten Wirklichkeit auch die nicht-duale Hintergründigkeit der Wirklichkeit anerkennt. Nicht-dual heißt, dass es hier keine Getrenntheit der Objekte gibt, sondern nur deren Vernetztheit und Verbundenheit. Grenzen werden zwar als für die Verständigung notwendige, aber letztlich illusorische Konstrukte verstanden. Dieses integrale Verbunden-heitsdenken, welches das Subjekt nicht mehr vom Objekt, die einzelnen Menschen nicht mehr vom kosmischen Ganzen, die Seele nicht mehr vom Leib, die Welt nicht mehr von Gott, das Diesseits nicht mehr vom Jenseits trennt, entspringt aus

38

vielen Quellen: dem östlichen Denken, welches niemals eine Grenze zwischen Mensch und Kosmos errichtet hat; dem modernen physikalischen Denken wie der Relativitätstheorie und der Quanten-physik, nach der – im subatomaren Bereich – alles mit allem verbunden ist und dem die Idee der Grenze durch die Vorstellung des Vernetzt-Seins von allem mit allem ersetzt wird. Aber auch die europäischen Denktraditionen haben in ihren mystischen Zweigen dieses Verbundenheitsdenken nie aufgegeben, auch wenn es sicher nicht den Mainstream in der Geschichte des abendländischen philosophischen Denkens darstellt. Heute geht es darum, die Aufklärung weiterzuführen (Vgl. Walach 2011) und dem weisheitlichen, nicht-duale Denken auch wieder einen Platz in der Wissenschaft zu geben.

Die Odyssee soll dafür als Modell gelten, weil man in ihr beide Formen des Denkens aufspüren kann: Das Getrenntheit- und das Verbundenheitsdenken, das erwachende, sich abgrenzende und getrennt erlebende Individuum, eben „Odysseus, den Helden", aber auch den „mystischen Odysseus", der unterwegs ist nach Ithaka, das kein Ort ist, sondern ein Zustand, an dem er nicht „handeln" muss, sondern „sein" kann und an dem er sich nicht getrennt fühlt von der Welt und sich selbst. Der kämpfende und sich aus Bindungen befreiende und individuierende Held bildet wegen der Einseitigkeit des aufgeklärten Bewusstseins allerdings die vorherrschende Lesart in der Rezeptionsgeschichte dieses Stoffes. Verloren geht dabei auch der Blick auf Athena, seine Schutzgöttin, die ihm das Gefühl der Verbundenheit mit einer anderen Welt gibt. Dieses Verbundenheitsgefühl zeigt sich in dem, was man Intuition nennt. In vielen brenzligen Situationen weiß Odysseus intuitiv, was zu tun ist. Er verlässt sich nicht nur auf Verstand und Logik, sondern auf die unmittelbare Intuition. Dieses intuitive Verstehen ist eine Form der Verschmelzung des Verstehenden mit dem, was verstanden wird. Die Trennung von Subjekt und Objekt ist für einen Moment aufgehoben und es kommt zu einer ganz besonderen Art von verbindender statt trennender Erkenntnis.

Diese weisheitliche Seite des homerischen Epos, die von der nicht-dualen Erfahrung des Seins und des entsprechenden Gewahrseins im Jetzt ausgeht, kann man nur wahrnehmen, wenn man die entsprechenden Perspektive dafür einnimmt. Insofern ist der hier in seiner psychologisch-spirituellen Doppelgestalt dargestellte Odysseus immer auch eine perspektivische Konstruktion des Autors, in diesem Fall meine eigene. Ich meine, dass gerade große Werke der Literatur, die allgemein menschliche, geradezu zeitlose Themen behandeln, einen solchen Umgang nicht nur zulassen, sondern geradezu provozieren. Ich lege das Epos des Homer also nicht aus nach den Regeln der literaturwissenschaftlichen Auslegungskunst (Exegese), sondern ich lege etwas hinein (Eisegese). Ich dichte gleichsam meinen Odysseus und lade Leserin und Leser ein, mit zu dichten.

Die Odyssee unter weisheitlicher Perspektive zu lesen als Ausdruck nicht-dualen Verbundenheitsdenkens, ist nicht neu. Bereits in der Antike hat Plotin, der Gründer des Neuplatonismus, die Reise des Odysseus spirituell gedeutet als Rückkehr zum einen unteilbaren Sein, gleichsam als Reise der Bewusstwerdung von der Außenseite der dualen Wirklichkeit zu einer Sicht, die diese Außenseite als Illusion begreift und darin zum spirituellen Selbst vordringt.

Der psychoanalytische Zugang:
Odysseus, unterwegs zum „Ich"
(Entwicklung und Emanzipation)

Der Held Odysseus steht als Individuum, als einzelner abgegrenzter Mensch zunächst für das *reale, psycho-logische Ich*. Dieses entsteht durch die Abenteuer und Konflikte, die unser Held bestehen muss und dadurch, dass er sich mit den unbewussten Seiten seiner Person, mit seinem Schatten, auseinandersetzt.

Der für die Ichwerdung passende Blick ist der psychologische. Mit ihm soll Odysseus als der Mensch gesehen werden, der durch seine Abenteuer zu einer integrierten und gereiften Persönlichkeit wird, der seine *dritte Individuation* erfährt. Diese dritte Individuation setzt die erste und zweite voraus. Die *erste Individuation* betrifft unsere allmähliche Ablösung von der Mutter: Körperlich ist sie mit der Geburt abgeschlossen, psychisch gesehen werden wir ein abgegrenztes Ich durch Beziehung, Verbindung und Distanzierung von der Mutter. Unsere *zweite Individuation* umfasst die Zeit der Pubertät und Adoleszenz. Hier werden die Karten neu gemischt. Es ist eine Zeit der Konflikte und des Kampfes. Für Odysseus steht für diese Zeit der Trojanische Krieg, in den er als jugendlicher Kämpfer gezogen ist und aus dem er als siegreicher Held hervorging. Er hat sich erprobt, er kennt seine äußeren Kräfte, er kann sich durchsetzen und sich behaupten in dieser Welt. Jetzt aber kommt eine neue Phase, in der es um inneres Wachstum geht, um Förderung der Fähigkeiten, die im Kampf unentwickelt blieben, um Entwicklung der Seiten seiner Persönlichkeit, die noch im

Schatten liegen. Und es geht um ein anderes, erweitertes Bewusstsein von sich selbst. Diese Persönlichkeits- und Bewusstseinsentwicklung vollzieht sich in der Fahrt durch das Meer des Unbewussten. Jede Insel und jede Küste, die er betritt, stellt einen Zuwachs an Bewusstsein dar, den er dem Meer des Unbewussten abgetrotzt hat. Wenn Odysseus ein ganzer Mensch werden und in die *dritte Individuation* eintreten will, kann ihm diese Reise durch das Unbewusste nicht erspart bleiben. Bei den meisten Menschen vollzieht sich diese dritte Phase der Selbstwerdung geradezu unbemerkt. Oft sind es besondere Herausforderungen und Konflikte in Beziehungen oder im Berufsleben, aber auch schicksalhafte Einbrüche durch Krankheit oder Katastrophen. Werden sie angenommen und als Chance der inneren Wandlung genutzt, gelangt ein so betroffener Mensch in der Regel zu einer anderen Sicht von sich und seinem Leben. Dieses neue Verständnis spielt sich nicht nur im Kopf ab, sondern ergreift ihn als ganzen Menschen: er hat eine neue Bewusstseinsstufe erlangt.

Ich sollte noch eine weitere Besonderheit nennen, die sich einstellt, wenn ich als Psychoanalytiker das Werk Homers gewissermaßen mit dem dritten Auge anschaue: Die einzelnen Stationen des Odysseus werden hier nicht als äußere Reisebeschreibungen oder als Abenteuerroman gelesen, sondern als Anleitung zu einer inneren Reise: Was Odysseus erlebt, wem er in der Außenwelt begegnet und welche Konflikte sich einstellen, all das spielt sich in seinem Inneren ab. Er trifft in den fremdartigen, verführenden, faszinierenden und bedrohlichen Gestalten auf Teile seiner eigenen Person, teils auf Vergangenes und teils auf noch Unentdecktes und nicht Erledigtes. Indem er sich mit diesen Widerfahrnissen auseinandersetzt, geschieht in ihm eine Wandlung, die ihn aus jeder

Situation anders hervorgehen lässt als er hineingegangen ist. Er gewinnt in jedem Abenteuer einen neuen Aspekt seiner Persönlichkeit hinzu oder genauer gesagt, er aktiviert, was in ihm bereits verborgen angelegt ist. Mit dieser Brille sieht man etwa im Riesen Polyphem, in der unsterblichen Kalypso und im freundlichen Alkinoos Selbstanteile der Person des Odysseus. Diese Figuren, die als sein Gegenüber auftreten, symbolisieren verschiedene Aspekte der Persönlichkeit des Hauptdarstellers. So verliert er auf seiner Reise schließlich alle seine Gefährten, d. h. er muss seine männlich-undifferenzierten Selbstanteile opfern zugunsten einer bewussteren und gereiften Menschlichkeit und Männlichkeit: Er wird so zu einem integrierten Subjekt!

Vieles von dem, was uns in der Odyssee begegnet, findet unbewusst satt. Auch die oben erwähnten Selbstanteile sind Aspekte des *unbewussten Selbst*. Die Psychoanalyse geht ja davon aus, dass unser Bewusstsein unterwandert ist von dem, was unbewusst ist, wodurch unser Handeln oft stärker beeinflusst wird als von unserem Bewusstsein. Die Reise des Odysseus steht auch für den Versuch, sich diesem Unbewussten zu nähern und mit ihm zu rechnen. Das Meer kann dabei als Bild für das Unbewusste gelten und die Götter verschlagen ihn auf Inseln, auf denen er Abenteuer zu bestehen hat. Die Inseln bilden das Land, das er dem Meer des Unbewussten abtrotzt. Freud hat einmal den Kampf mit dem Unbewussten mit der Trockenlegung der Zeuydersee verglichen, also mit der Gewinnung von Land und festem Boden im Kampf mit dem mächtigen Ozean des Unbewussten. Die einzelnen geheimnisvollen Wesen, Riesen, Nymphen, Halbgötter, Meeresungeheuer, denen er auf den Inseln begegnen wird, versinnbildlichen die ihm bisher fremden und unheimlich erscheinenden Teile seiner Persönlichkeit. Indem er mit ihnen in Kontakt tritt, mit ihnen kämpft und sie besiegt, kommt er voran auf seinem Weg. Gleichzeitig macht ihn das Wissen um diese unbewussten Kräften weiser und einsichtiger.

Noch ein Wort zu dem, was das Unbewusste in unserem Zusammenhang meint. Freud verlängerte die Linie vom Bewusstsein zum Unbewussten vertikal nach „unten", in den Bereich der uns steuernden Triebe, die uns meist unbewusst sind, die wir nur an ihren Wirkungen erkennen. Aber auch die im Laufe des Lebens verdrängten Verletzungen, Kränkungen, Einschränkungen und unterdrückten Wünsche und Bedürfnisse prägen unser Unbewusstes. Solche Verletzungen und Traumatisierungen haben Odysseus und die Seinen im zehnjährigen Krieg in Troja erfahren und verdrängt. Verarbeitet sind sie nicht, steht doch der unbedingte Wille nach Heimkehr im Vordergrund, der ihnen gar keinen Raum gibt, ihre Wunden zu lecken. Aber seine Reise wird zu einem Weg, auf dem ihn das Verdrängte einholt. Die bestanden Abenteuer sind seine Form, das Erlittene und Vergessene zu verarbeiten.

Das *unbewussten Selbst* enthält aber nicht nur Verletzungen und Verdrängungen, sondern auch verborgene Schätze, Selbstanteile, die Odysseus bisher in seinem Leben noch nicht gelebt hat und die durch äußere Konflikte und Auseinandersetzungen mit dem Fremden und Anziehenden aktiviert werden. Dadurch wird er fähig zur Beziehung, was in der Begegnung mit seiner Frau Penelope auf Ithaka zum Ausdruck kommt. Darüber hinaus lässt sich im Unbewussten auch eine TransDimension ausmachen, die über das Personale und Individuelle hinausweist. Wenden wir aber zunächst der psychologischen Seite zu.

44

Die beziehungsanalytische Sichtweise des Ansatzes von Thea Bauriedl (1980, 1994) hilft zu verstehen, was es so schwer macht, zu dieser Integration zu finden, also in Ithaka anzukommen. Ihr Konzept geht von der psychoanalytischen Grundeinsicht aus, dass die Regungen unseres Seelenlebens grundsätzlich ambivalent sind, was soviel bedeutet, dass jedem Wunsch auch ein Gegenwunsch zugeordnet ist. Liebe ist nicht frei von Hass, Nähe nicht ohne Distanz möglich, Gut ist nicht von Böse zu trennen, Freude nicht ohne Trauer zu haben. In Beziehungen neigen wir Menschen dazu, die Ambivalenz zu spalten: aus dem integrierenden *„Sowohl als auch"* wird dann ein gespaltenes *„Entweder - oder"*: Jemand ist dann entweder ausschließlich gut oder ausschließlich böse. Für den Einzelnen bedeutet das, dass er nur bestimmte Selbstanteile zulassen und andere als unzulässig aus der Wahrnehmung ausschließen wird. Die Folge ist, dass er sich nicht mehr vollständig erleben kann, sondern noch die zugelassenen Anteile von sich selbst und deshalb auch von anderen sehen kann. Sein Erleben ist halbiert.

In zwischenmenschlichen Beziehungen bedeutet es, dass sich diese Ambivalenzspaltung wiederholt und verfestigt: Wenn beispielsweise einer den Wunsch nach Nähe zu einer anderen Person entwickelt, wird als Gegenpol zu diesem Wunsch gleichzeitig eine Angst vor dieser möglichen Nähe mit erzeugt. Es entsteht eine gegenläufige seelische Bewegung zwischen dem Wunsch nach Nähe und der Angst vor dieser Nähe. Im günstigen Fall kann diese intrapsychische Spannung ausgehalten werden und beide Bedürfnisse, der Wunsch nach Nähe und das Bedürfnis nach Abstand als Schutz vor dieser Nähe ausbalanciert werden. Wird die Angst übergroß und unerträglich, pendelt der Betreffende ständig zwischen beiden Polen hin und her, d. h. in seinem Erleben erscheint *ausschließlich* eine Qualität. In dieser gespaltenen Form kann er nur noch *entweder* den Nähewunsch erleben *oder* den Distanzwunsch. Eine Kompromissbildung ist nicht mehr möglich. Mit Bauriedl kann man dies dann so beschreiben:

Ich möchte gerne, dass du kommst (Nähewunsch), aber wenn du kommst, habe ich Angst, von dir verschlungen zu werden; deshalb möchte ich doch lieber, dass Du weggehst (Distanzwunsch); aber wenn du weggehst, habe ich Angst, dass du mich verlässt; also möchte ich lieber, dass du kommst. Einfach ausgedrückt lautet die Mitteilung, „komm her, aber bleib weg!" Es handelt sich um eine doppelbindende Botschaft (double-bind) mit der paradoxen Aufforderung, „tu dies, aber tu es bloß nicht". Jemand, der sich dieser Paradoxie ausgesetzt fühlt, kann es seinem Gegenüber nicht recht machen. Entscheidet er sich für den einen Teil der Botschaft, hat er den anderen nicht befolgt und umgekehrt: eine ausweglose Situation!

Dies bewirkt, dass der Abstand zwischen beiden immer gleich bleibt und es nicht zu emotionaler Nähe kommt. Der starre Abstand ermöglicht zunächst einen Kompromiss zwischen Nähe- und Sicherheits-bedürfnissen, zwischen Wunsch und Angst. Bauriedl verwendet das Bild einer Stange, die beide gleichzeitig zusammen- und auseinander hält. Beide haben damit scheinbar erfolgreich die Angst vor Verschmelzung und vor dem Ausgestoßen-Werden, den beiden sozialen Grundängste, bewältigt. Der Preis ist allerdings der Verlust einer lebendigen Beziehung und eines freien Bewegungsspielraumes, in dem sich beide mal nah und mal distanziert, je nach Situation und Bedürfnis, bewegen können, ohne den jeweiligen Ängsten ausgeliefert zu sein.

Es stellt sich noch die Frage, wie es zu dieser Ambivalenzspaltung und in der Folge zu halbierten Persönlichkeiten kommt. Das beziehungsanalytische Konzept sieht ja die psychische Strukturierung des Einzelnen als Folge der Beziehungserfahrungen in der Ursprungsfamilie. An die Stelle der „Triebschicksale" (Freud) treten „Beziehungsschicksale" (Bauriedl). Diese werden verstanden als beschädigte Dreiecksverhältnisse. Die Beschädigung entsteht dadurch, dass das Dreieck Mutter-Vater-Kind in „Zweiecke" zerfällt. Dies geschieht, wenn in der Familiengruppe nicht klar ist, wer welchen Platz einzunehmen hat, also wer Mutter, wer Vater und wer Kind ist. Wenn also die einzelnen Positionen nicht klar und die Eltern unsicher in ihrer Elternrolle sind, können sich keine stabilen Personengrenzen zwischen allen Beteiligten entwickeln. Die Folge ist, dass das Kind nicht als eigenständige und von den Eltern sich unterscheidende Person als Kind wahrgenommen wird, sondern als Teil von ihnen. Damit ist der erste Schritt zu Funktionalisierung, narzisstischem und/oder körperlich-sexuellem Missbrauch getan. Dies geschieht vor allem durch ersatzpartnerschaftliche Bindung des Kindes an einen Elternteil oder durch Parentifizierung des Kindes. Letzteres bedeutet, dass ein Kind für einen Elternteil wie Vater oder Mutter sorgt und die ihm meist ohne Worte aufgebürdete Last annimmt. Beides sind Formen verunglückter Positionierungen in der Familiengruppe. In beiden Fällen ist immer einer der aus Dreieckskommunikation zwischen Mutter-Vater-Kind ausgeschlossen. Entweder verbündet sich ein Elternteil mit dem Kind gegen den anderen Elternteil, was im Kind ein doppeltes auslöst: Einerseits fühlt es sich großartig, weil es ja „besser" und „liebenswerter" ist als der andere Elternteil, andererseits fühlt es sich entwertet und missachtet in seiner Position als Kind. Die Gefahr der Entwertung und des Weggestoßen-Seins lauert ständig, weil sich die Eltern ja als Paar wieder zusammenschließen könnten. Ein weitere Folge ist, dass ein benutztes Kind keine angstfreie Beziehungen zu beiden Elternteilen entwickeln kann: Wenn es mit dem einen ersatzpartnerschaftlich verklammert ist, kann es nicht gleichzeitig eine gute Beziehung zum anderen Elternteil haben, weil ja der andere Elternteil dies als Angriff gegen sich und als mangelnde Loyalität interpretieren könnte. Genau dies meint Bauriedl, wenn sie sagt, dass das Dreieck in Zweiecke zerfällt. Dies führt zum Aufbau gespaltener Beziehungsmuster im Sinn des „Entweder-oder": Wenn ich mich dem Einen zuwende, verliere ich den Anderen und umgekehrt. Dieses für das Kind so schädliche Sich-Entscheiden-Müssen führt zu sog. Triangulierungsstörungen und zu Konflikten in Mehr-Personen-Beziehungen.

Wenn nun Odysseus am Ende seiner Reise bei seiner Familie auf Ithaka ankommt, werden wir sehen, wie ein solches beschädigtes Dreieck zwischen ihm, Penelope und Telemach, dem Sohn, aussieht. Mit dem hier vorgestellten Konzept lassen sich die Ursachen für diese Beschädigung benennen und verstehen. Gleichzeitig macht es deutlich, wie Odysseus auf den Stationen seiner Reise Wege der Überwindung aus dieser starren Beziehungsform findet. Wir werden sehen, wie sich der Held bei jeder neuen Herausforderung in eine schwierige Beziehungsszene verwickelt, etwa mit Polyphem, mit Kirke, den Sirenen oder Kalypso. Und die Lösung des Konflikts lässt erkennen, wie man aus verwickelten und gespaltenen Beziehungen wieder zu sich selbst finden kann und wie diese Aufgabe zu bewältigen ist. Mit diesen Beziehungserfahrungen im Reisegepäck ist Odysseus für die nächste Herausforderung besser ausgerüstet, sodass es am Ende, bei der Ankunft in Ithaka, zur Wiederherstellung eines intakten Dreiecks in seiner Familie und zu einer gelungenen Beziehungsszene mit Penelope kommt. Unter diesem Aspekt liest sich die Reise des Odysseus wie ein Lehrstück in Paar- und Familientherapie.

Wir werden also bei der psychoanalytischen Sicht des Epos des Homer diese beiden Aspekte, den individuell-innerseelischen und den beziehungsanalytisch-zwischen-menschlichen, berücksichtigen. Diese beiden Zugangs-wege beziehen sich auf das *reale Ich*. Man könnte auch vom psychologischen Selbst sprechen. Dieses besteht aus Funktionen (Denken, Handeln, Wahrnehmen usw.) und aus inneren Bildern, die wir im Laufe unseres Lebens von uns selbst aufgebaut haben (Ich heiße…, ich bin…, ich habe den Beruf…, finde mich groß, klein...usw.). Diese Selbstkonzepte sind komponiert aus den Beziehungs-erfahrungen mit anderen Menschen, vor allem mit den Eltern und Geschwistern in Familien und Primärgruppen. Auf dem Weg der Verinnerlichung werden sie zu einem Teil unseres Ichbewusstseins.

Mit diesen Grundannahmen gerate ich als Psychoanalytiker allerdings in Konflikt mit den Regeln psychoanalytischen Vorgehens. Dieses besteht nämlich darin, der Methode den Vorrang vor dem Inhalt einzuräumen. Methode vor Inhalt bedeutet, dass der Analytiker möglichst frei von Erinnerungen Bildern, Konzepten und Theorien den Erzählungen des Analysanden folgt. Freud empfahl, in der Haltung der gleichschwebenden Aufmerksamkeit sich auf nichts konzentrieren zu wollen und deshalb der Gefahr nicht zu erliegen, den inneren Weg des Patienten durch normative Vorgaben in eine bestimmte Richtung zu lenken. Deshalb gilt es besonders in der relationalen Psychoanalyse als falsche Intervention, wenn der Analytiker von seinem theoretischen Wissen, seinen entwicklungspsychologischen Kenntnissen oder Konzepten der Individuation deutend Gebrauch macht. Was für die therapeutische Behandlung von Patienten gilt, ist auch für die psychoanalytische Auseinandersetzung mit Kunst und Literatur in Anschlag zu bringen. Auch hier geht es darum, zu sehen, welche Reaktionen ein Kunstwerk, in unserem Fall der Text des Epos, im Leser hervorruft und nicht darum, den Text objektivierend zu deuten, indem man die einzelnen Szenen und Bilder als Ausdruck einer vorab fest-stehenden symbolischen Bedeutung interpretiert. Kunst aus Kunst, und nicht als Manifestation einer verborgenen und verschlüsselten, aber im Grund schon vorhandenen Bedeutung. Stattdessen erzeugt Kunst Bedeutung im Prozess, der sich zwischen dem Werk und dem Betrachter herstellt. Das ist das eine. Andererseits bin ich als Betrachter oder Leser aber auch kein unbeschriebenes Blatt. Meine theoretischen Vorlieben, meine reflektierten therapeutischen Erfahrungen und die eigene Lebensarbeit bilden den subjektiven Bezugsrahmen, innerhalb dessen ich die Reise des Odysseus wahrnehme. Im Gegensatz zum Patienten, der wegen der Besonderheit der Übertragung meinen Sichtweisen, die ich in der analytischen Stunde vortrage, ein größeres Gewicht verleiht, kann sich der Leser und die Leserin meiner Texte davon distanzieren, ihre Annahmen überprüfen, modifizieren, zustimmen oder verwerfen. Wie oben gesagt, konstruiere ich meinen Odysseus, damit sich Leser und Leserin seinen und ihren Odysseus erschaffen können.

50

Mit dieser Sicht kann ich den Konflikt zwischen dem psychoanalytischen Anspruch, keine vorab feststehende Bedeutungen in die Begegnung mit dem Text einzubringen und meinen Vorlieben für Konzepte, Theorien und Sichtweisen, wenn schon nicht auflösen, dann aber doch bewusstmachen und akzeptieren.

Der weisheitlich-spirituelle Zugang: Odysseus, unterwegs zum „Selbst" (Gewahrsein und Gegenwärtigkeit)

In der modernen Entwicklung der Psychoanalyse wird zunehmend gesehen, dass unser Selbst über das psychologische hinaus auch eine spirituelle, geistige Dimension hat. Wir können vom *transbewussten oder spirituellen Selbst* sprechen. Ich habe meinerseits in einer umfangreicheren Arbeit (Ich – eine Illusion? 2011) einen Vorschlag gemacht zur Einbeziehung dieser spirituellen Dimension in psychoanalytisches Denken.

Neben der dritten Individuation, die wir durch die psychologischen Zugang erschlossen haben und die sich im Bestehen von Konflikten und der Integration von bisher abgespaltenen Selbstanteilen vollzieht, spreche ich von der *vierten Phase der Individuation*, die sich auf das transbewusste oder spirituelle Selbst bezieht.

Wenn wir von diesem spirituellen „Selbst" reden, ist gleich eine Einschränkung nötig, um nicht in eine naive verdinglichte Vorstellung zu verfallen. Das Selbst gibt es nicht, jedenfalls nicht in einem substantiellen Sinne als etwas positiv Gegebenes. Es ist zunächst nur eine Idee, ein Begriff. Auch wenn ihm keine eigene Realität zukommt, brauchen wir die Vorstellung vom Selbst, um all das, was

51

Nicht-Selbst ist, benennen und identifizieren zu können. Selbst ist also eher ein Negativ-Begriff, von dem wir eher sagen können, was es nicht ist als was es ist. Von ihm gilt das Gleiche, was die mittelalterlichen (und heutigen) Theologen von Gott sagten: Das man eher sagen könne, was er nicht ist, als was er ist. Diese Einstellung sollte vor naiven Vorstellungen bewahren und vor allem bewusstmachen, dass alle Vorstellungen eben Vorstellungen unseres Geistes sind und nicht objektiv existierende Tatsachen oder Sachverhalte.

Die Annahme eines *spirituellen Selbst* basiert auf der Beobachtung, dass das unbewusste Denken eine Tendenz aufweist zur Herstellung von Einheit. Es möchte alle Differenz überwinden und sich eins fühlen mit dem großen Ganzen. Dieses Denken bewegt sich sozusagen auf der Vertikalen, aber dieses Mal nicht nach „unten", sondern nach „oben" in den Bereich der nicht-dualen Wirklichkeit, des ungeteilten Seins und der Einheit mit ihm. Der chilenische Mathematiker und Psychiater Ignazio Matte Blanco hat dieser mystische Tendenz des Denkens eine besondere Berechtigung zuerkannt, indem er es von einem regressiven und krankhaften Rückfall in kindliche Denkprozesse unterschieden hat (vgl. Funke 2011).

Odysseus als Mystiker?

Das *transbewusste, spirituelle Selbst* ist die Seite des Odysseus, die in den westlichen Auslegungen meistens übersehen wird. Dieses zu aktivieren ist Aufgabe der vierten Individuation. Die einseitige Sicht auf Odysseus als den Listenreichen, den Eroberer, den Kämpfer und Abenteurer hat die mystische Seite des Helden und damit sein spirituelles Selbst vergessen lassen. Mit ihm erleben wir uns – im Gegensatz zum Ich – nicht nur als abgegrenztes Individuum, sondern als mit dem großen Ganzen verbunden. In ihm wurzelt das Einheits- und Verbundenheitsgefühl, mit dem Selbst sind wir Teil des Seins, der einen nicht-dualen Wirklichkeit. Deshalb kann man eigentlich auch nicht sagen, dass Odysseus dahin unterwegs ist. Unterwegsein beinhaltet immer die Vorstellung von zwei Orten, von vorher und nachher, was ja gerade durch das Gewahrsein im Jetzt überwunden wird. Für dieses Gewahrsein steht Ithaka, das in der weisheitlichen Lesart nicht nur Heimat ist in einem Sinne, dass er dort seine Familie wieder findet, sondern das für die Gegenwärtigkeit des Augenblicks, für das Sein im Jetzt und insofern für die Wirklichkeit hinter der Wirklichkeit steht. Dieser hintergründigen Wirklichkeit des Seins wird er gewahr, wenn er bei Penelope ankommt. Sie ist nicht nur *seine* Frau, sie steht als *Frau* für das Sein schlechthin, für die ungeteilte Einheitswirklichkeit.

Goethe lässt am Ende seines „Faust" diese Symbolik des Weiblichen durch den „chorus mysticus" auf den entscheidenden Punkt bringen:

> *„Alles Vergängliche*
> *Ist nur ein Gleichnis;*
> *Das Unzulängliche,*
> *Hier wird's Ereignis;*
> *Das Unbeschreibliche,*
> *Hier ist's getan;*
> *Das Ewig-Weibliche*
> *Zieht uns hinan."* (Goethe, Faust, 12110)

Goethe weist auf einen Bereich hin, der unbeschreiblich und der Sprache nur schwer zugänglich ist. Eher vermag die Metapher des Weiblichen als Gleichnis für das Ewige, also das zeitlose Sein, zu taugen. Deshalb spricht er vom „Ewig-Weiblichen", dem man sich nur über das Gewahrsein annähern kann.

Die Heimkehr des Odysseus bekommt dann einen anderen Sinn als den der Rückkehr zu seiner Familie, wenn man seine Frau, sein Haus als Bild sieht für die Geborgenheit im Sein. Dieses Sein ist das mystische Ziel seiner Heimkehr. Es besteht in der Überwindung von Trennung und Differenz und führt in die Gegenwärtigkeit des Augenblicks. Dafür lässt sich kaum ein treffenderes Bild als das einer Frau finden, weil in ihr besser als im Bild vom Mann das eine, ungeteilte Sein zum Ausdruck kommt. Das Enthaltensein des ungeborenen Kindes im Inneren des weiblichen Körper bildet den entwicklungs-psychologischen Hintergrund für die mystische Erfahrung des Einseins und des Aufgehobenseins im Schoß des Seins. Dies bedeutet allerdings nicht, das das Eintauchen in die nicht-duale Einheitswirklichkeit, wie sie der Mystiker als „unio mystica" beschreibt, einer Regression auf diesen frühen Seinsmodus gleichkommt, wohl aber, dass sie darin vorgebildet ist. Der männliche Held Odysseus steht für das Ich, das getrennt ist, zielorientiert und aufs rationale Denken und Handeln hin angelegt. Der sich mit dem Weiblichen verbindende Held steht für das Ankommen im Sein, jenem Bereich, der dem zerlegenden Denken ebenso unzugänglich ist wie dem planenden Handeln. Es kann nur erfahren werden in unmittelbarere Begegnung, die der Sprache voraus liegt. Es ist das Gewahrsein im Jetzt. Da es dieses Jetzt nicht als einen anzustrebenden Ort oder Zustand gibt, sondern immer schon da ist, kann man es auch nicht erreichen, außer durch das Sein im Jetzt.

Nur äußerlich gesehen ist er zu diesem Ziel, für das Ithaka als Metapher steht, unterwegs. Spirituell gesehen ist er immer schon da. Dafür steht im Epos Athena, seine Schutzgöttin. Sie symbolisiert das innere Objekt und das Gehaltenwerden im Sein. Er trägt es schon in sich, es ist Teil von ihm, auch wenn es auf der äußeren Bühne so aussieht, als sei es eine Person der Außenwelt, die wie ein Schutzengel eingreift und seine Geschicke lenkt.

Auf der von mir so bezeichneten vierten Individuationsstufe erlangt man lediglich ein Bewusstsein von dem, was immer schon da ist. Wenn man dem eine Bedeutung zuerkennt und mit diesem hermeneutischen Schlüssel das Epos liest, dann beschreibt das zyklische Modell der Odyssee nicht einfach die Rückkehr zum Ausgangspunkt. Dann kommt Odysseus nicht nur bei seiner Frau an, sondern er kommt auch im Jetzt an, d. h. er hat etwas gefunden, dass hinter und über allem steht und schon immer da war, weil es keine Vergangenheit kennt. Diese spirituelle Sicht der Heimkehr des Helden wird uns am Ende ausführlich beschäftigen. Auf jeden Fall deutet sich damit schon an, dass das zyklische Modell nicht nur als Rückkehr, sondern auch als Überschreiten in einen anderen Bereich des Bewusstseins von Wirklichkeit verstanden werden kann. Seine Heimkehr ist – so gelesen – nicht eine Regression, sondern ein Transgression. Odysseus kehrt zwar auf seine Insel Ithaka, zu seiner Frau Penelope und seinem Sohn Telemach zurück, aber seine Rückkehr ist eine Neuankunft. Er ist ein anderer geworden und deshalb ist auch seine Familie nicht mehr dieselbe. Wie wir sehen werden, endet seine spirituelle Reise hier nicht, sondern seine Ankunft führt einen Schritt über Ithaka hinaus. Diese Trans-Bewegung wird im innersten Kern des Epos, nämlich beim Aufenthalt des Helden in der Unterwelt, als Aufgabe angedeutet.

Ich möchte an dieser Stelle noch ein paar Hinweise geben auf das Besondere der spirituellen Reise. Es ist bereits deutlich geworden, dass man auf dieser Reise nicht ankommen kann, nicht an einem Ort, aber auch nicht im Selbst oder im Sein. Reisen in diesem Sinn heißt vielmehr, jede Vorstellung vom Ziel, sei es das Selbst, das Sein, die Ewigkeit oder Gott, aufzugeben. Die spirituelle Reise beinhaltet keine Vorstellung von einem Ziel, sondern lehrt, solche Vorstellung aufzugeben und von ihnen frei zu werden. Leerwerden ist deshalb bei vielen weisheitlichen Lehrern eine wichtige Metapher, Nicht-Wissen eine zentrale Tugend.

Von daher lässt sich der spirituelle Weg am besten mit einer „Arbeit am Negativen" (vgl. Adorno 1966) vergleichen. Das spirituelle Selbst ist jenes Selbst, das jede Identifikation, auch die mit spirituellen Inhalten, ablehnt. Man kann nicht positiv sagen, was es ist, man kann nur auf dem Weg der Negation die Hindernisse und Widerstände beseitigen, die sich der Gegenwärtigkeit in den Weg stellen. Dies sind vor allem Identifikationen mit Denkinhalten, mentalen Mustern und vergangenen Erfahrungen. Insofern lässt sich die weisheitliche Reise mit der modernen Technik der Dekonstruktion vergleichen.

In dieser Perspektive eignet sich Odysseus wenig, in ihm den Prototyp des modernen Touristen zu sehen, der aus Neugier aufbricht, Abenteuer sucht, aber doch wieder zurückkehrt an den Ort, von dem er aufgebrochen ist. Die Heimkehr des Helden auf Ithaka wäre, spirituell betrachtet, ein Art von Ankommen, die der moderne Mensch verloren hat, seit er sich von Neugier getrieben und vom Verlust eines Aufgehobenseins in einer anderen,

„himmlischen" Ordnung tief irritiert, immer neue Ziele suchen muss, die er aber niemals findet und für den deshalb die Reise zum Selbstzweck wird.

Die doppelte Beginn der Reise nach Ithaka: Der psychologische und der weisheitliche Ausgangspunkt

Diese beiden Dimensionen unseres Selbst – die psychologische und die spirituelle Selbstwerdung – finden sich in den einzelnen Abenteuern und Begegnungen wieder. Vor allem spiegeln sie sich in den beiden Orten, an denen das Drama der Heimkehr des Odysseus in der literarischen Fassung beginnt: Die Höhle der Kalypso auf der Insel Ogygia und die Höhen des Olymp mit der Ratsversammlung der Götter.

Nach dem Krieg um Troja und dem Bestehen zahlreicher Konflikte verschlägt es Odysseus auf die Insel *Ogygia* in die Höhle der Kalypso. Dorthin hat ihn Poseidon verschlagen, weil er sich rächt für die Schmach, die Odysseus seinem Verwandten Polyphem zugefügt hat. In der Höhle der Kalypso – im Schoss der Frau – kommt er in Kontakt mit seiner Sehnsucht nach Geborgenheit, nach Zweisamkeit, nach Erotik und Sexualität. All dem möchte er sich hingeben und es niemals verlieren. Dieses tiefe Bedürfnis nach Einsein und Verschmelzung wird in einer Höhle gestillt, denn schließlich ist die Höhle der Ort, aus dem wir kommen, und in dem unsere frühsten Wünsche nach Enthalten Sein in einem anderen Menschen, nach Erfüllung aller Wünsche und nach Unsterblichkeit grundgelegt worden sind. Der Wunsch nach einer ewige Jugend schenkenden Sexualität wird durch die schöne, jugendliche und unsterbliche Nymphe Kalypso dargstellt.

Den Gegenpol zur Höhle im Schoß der Erde bildet der Gipfel des *Olymps*. Hier tagt der Götterrat. Nach langem hin und her erwirkt Athena von Zeus die Zusage, Odysseus freizulassen. Danach macht sich Athena auf nach Ithaka, um Telemach, dem Sohn des Odysseus, die Entscheidung mitzuteilen und ihn auf die Suche nach seinem Vater zu schicken.

Der heilige Berg als Sitz der Götter steht für die übergeordneten Kräfte und für den transzendenten Zusammenhang, die unser Leben bestimmen. Die göttliche Welt des Olymps verweist auf die trans-personale Dimension, in den unser individuelles Leben eingebettet ist. In der mythischen Zeit, die das Bewusstsein des Homer prägte, stellte man sich diesen transpersonalen Bereich noch nach Art menschlicher Götter vor. Die verschiedenen Gottheiten waren zwar schon unter der Hoheit eines obersten Gottes, Zeus, in eine Art Hierarchie gebracht, aber die Idee der Einheit der göttlichen Mächte und des Seins setzte sich erst später im Monotheismus und in den mystischen Traditionen der Menschheit durch. Entscheidend ist der Einfluss dieser transzendenten Kräfte: Der Weg des Odysseus wird nicht nur seiner eigenen Initiative überlassen, sondern er wird bestimmt vom Willen der Götter. Damit wird dem Weg des Helden eine Dimension gegeben, die dem Menschen nach der Aufklärung weitgehend abhandengekommen ist. Durch die Entzauberung des Himmels ist dieser leer geworden und der Mensch sieht sich gezwungen, alles selbst in die Hand zu nehmen, alles selbst verantworten zu müssen und keine übergeordneten Bezüge mehr als Halt und Orientierung zu erleben. Dieses Schicksal des modernen Menschen haben Psychologen und Soziologen immer wieder beschrieben, wenn sie vom „erschöpften Selbst"

(Ehrenberg 2004) oder dem „Leben als letzte Gelegenheit" (Gronemeyer 1993) sprechen. Auch die Psychotherapie hat diese Trans-Dimension für den Selbstwerdungsprozess des Menschen lange Zeit aus dem Blick verloren. Inzwischen wissen wir, wie sehr ein Bewusstsein von Verankerung des Menschen in einen übergeordneten Zusammenhang den Heilungsprozess bei seelischen Erkrankungen begünstigen kann.

Odysseus, König von Ithaka, bricht von seiner Heimat auf in den trojanischen Krieg, er kämpft zehn Jahre in Troja und kehrt nach abermals zehn Jahren Irrfahrten nach Ithaka zurück. Sein Weg bewegt sich zwischen den unteren und den oberen Kräfte: zwischen der Höhle im Erdinneren und den luftigen Höhen des Olymp, zwischen Bindung und Freiheit, zwischen Geborgenheit und Aufbruch, zwischen Emanzipation und Gegenwärtigkeit, kurz zwischen Himmel und Erde und den seelischen Kräften, die beide Orte symbolisieren. Beide Pole stehen in Spannung und bilden oft einen Konflikt, z. B. dann, wenn Odysseus als der erste individuierte Mensch im eigenen Recht handelt und sich seinem schicksalhaft vorgesehen Weg widersetzt. Er folgt nicht nur dem Weg der Götter, sondern sucht Auswege aus verfahrenen Situationen. Er begegnet dem Fremden und damit der Angstgrenze. Er lässt sich auf Risiken und Gefahren ein. Deshalb bleibt er ein Reisender, er entwickelt sich in verwickelten Situationen, weil er ahnt, dass es nur an der Grenze Entwicklung gibt. Weil er unterwegs bleibt, findet er sein Ziel, das er dann doch wieder aufgeben muss.
Dieser emanzipatorische Aspekt des Odysseus steht für den Menschen, der sich seiner selbst bewusst geworden ist. Er steht für das Ich, für das moderne Subjekt, das sein Schicksal selbst in die Hand nimmt. Auch wenn er noch in mythischen Kategorien denkt, so ist er doch sich seiner

selbst gewiss und bewusst. Dieser Wille zur Rettung seines Ich motiviert ihn zum Kampf und zum Bestehen und Überwinden der Gefahren, die ihm auflauern.

Der andere Odysseus, der Grenzen akzeptiert und unterwegs ist zum Verweilen im Sein, der nicht nur reist, sondern auch bleibt, der nicht nur kämpft, sondern auch duldet, dieser lange vergessene Odysseus steht für den Menschen, der die Verbundenheit mit dem Ganzen sucht, der sich aufgehoben wissen will in übergeordneten Zusammenhängen und der letztlich nach etwas sucht, das ihn trägt und umfängt. Die Emanzipation dient seiner Ichwerdung, die Verbundenheit im Sein seiner Selbst-werdung, seines Gewahrseins im Jetzt und der daraus hervorgehenden Gegenwärtigkeit.

II. Die Reiseroute: Abenteuer auf dem Weg der Ichwerdung und Selbstwerdung

Jetzt können wir genauer anschauen, wie sich die Reise in psychologischer und spiritueller Lesart konstruieren lässt. Zuvor aber noch ein Wort zur Abfolge der Stationen. Die tatsächliche Reiseroute, wie sie sich aus dem Epos ableiten lässt, entspricht nicht der literarischen Abfolge der Stationen. Wie oben erwähnt beginnt Homer mit dem Aufenthalt des Helden auf der Insel Ogygia bei Kalypso, der im zeitlichen Ablauf vorletzten Station. Von ihr bricht er auf ins Land der Phäaken zu König Alkinoos. Von dort blendet Homer die anderen Stationen der Reise rückblickend ein.

Der Aufenthalt bei Calypso, den Homer der Reise vorschaltet, obwohl er erst am Ende seiner Meerfahrt bei ihr eintrifft, spiegelt nämlich einen schon weit entwickelten Bewusstseinszustand wieder, in dem Odysseus zur Begegnung und Auseinandersetzung mit der Frau auf einem „reifen" Niveau fähig ist. Diese „Reife" hat er auf den einzelnen Stationen erlernt. Diese spiegeln in einer aufsteigenden Linie das Erlangen jeweils neuer Bewusstseinsstufen wider.

Ich folge in meiner Darstellung den historischen Reisestationen, wie man sie aus dem Text des Epos in der tatsächlichen Abfolge erschließen kann. Um zu sehen, wie sich die hier gewählte Abfolge von der literarischen Reise unterscheidet, stelle ich beide Reisewege nebeneinander:

61

Historische Route, wie sie sich aus der Erzählung des Odysseus bei Alkinoos ergibt:

1. Troja
2. Kikonen
3. Lotophagen
4. Kyklopen – Polyphem
5. Aiolos
6. Lästrygonen
7. Kirke
8. Hades
9. Sirenen
10. Skylla und Charybdis
11. Rinder des Helios
12. Kalypso
13. Phäaken
14. Ithaka

Literarische Route, wie sie im Epos erzählt wird:

1. Troja
2. Kalypso
3. Phäaken:
   Als Bericht des Odysseus rückblickend erzählt:
   a. Kikonen
   b. Lotophagen
   c. Zyklopen - Polyphem
   d. Aiolos
   e. Lästrygonen
   f. Circe
   g. Hades
   h. Sirenen
   i. Skylla und Charybdis
   j. Rinder des Helios
4. Ithaka

Unzählig sind die Versuche, die Reiseroute des Odysseus geographisch nach zu verfolgen. Es hat die Menschen schon immer fasziniert, wo die Kyklopen hausen, die Kalypso versteckt ist oder Skylla und Charybdis aufwarten. Dabei hat man den Raum des östlichen Mittelmeeres immer mehr erweitert und es erstaunt, wo Odysseus überall gewesen sein soll. Da uns hier aber nicht die historische Frage der Ortung seiner Reise interessiert, schließen wir diesen Gedanken ab mit einem Blick auf die von vielen angenommene und ersonnene Reiseroute.

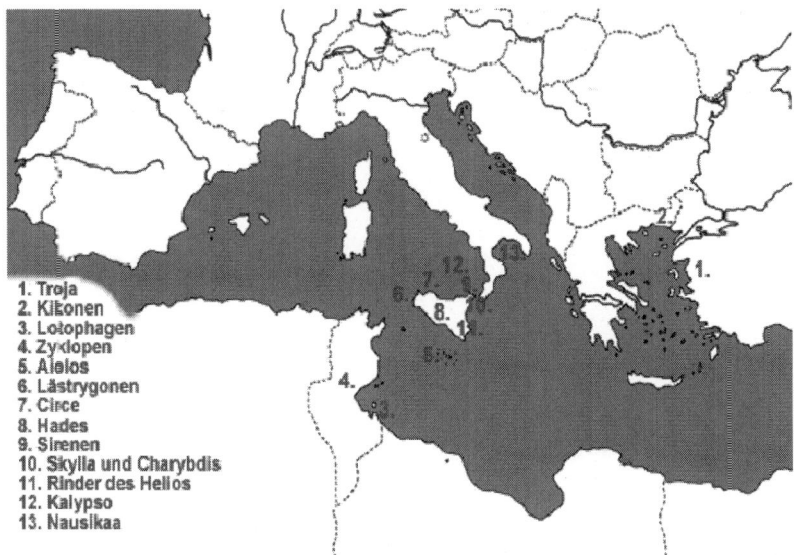

1. Troja
2. Kikonen
3. Lotophagen
4. Zyklopen
5. Aiolos
6. Lästrygonen
7. Circe
8. Hades
9. Sirenen
10. Skylla und Charybdis
11. Rinder des Helios
12. Kalypso
13. Nausikaa

Bei den Kikonen: Gewalt oder die Folgen des Traumas

Auf der ersten Station bei den Kikonen nach seinem Aufbruch in Troja werden wir Zeuge von den Folgen des Kriegstraumas. In den Szenen herrschen Gewalt, Vernichtung und Zerstörung vor. Odysseus und die Seinen sind noch ganz im Unbewussten, das nach dem Krieg in Troja traumatische Anteile enthält, gefangen.

Davon erzählt Odysseus am Hof des Königs Alkinoos:

> *„Doch ich bericht dir nun den Leidensweg meiner Heimfahrt,*
> *Den mir Zeus verhängt, seitdem von Troja ich fortging.*
> *Fort von Ilion, hin nach Ismaros zu den Kikonen*
> *Trieb mich der Wind; ich zerstörte die Stadt und vertilgte die Männer;*
> *Doch aus der Stadt die Frauen und viele Schätze uns nehmend,*
> *Teilten zu gleichen Teilen wir so, dass keiner zu kurz kam"* (9,37-42).

Troja, Ilion genannt, steht für den Kampf der ersten Lebenshälfte, für die oben erwähnte zweite Individuation. Odysseus hat gekämpft, mit Kraft und Stärke, mit List und Tücke. Er war in Konflikte verstrickt, in ausweglose Situationen, und musste einen Ausweg finden. Kampf auf allen Ebenen, das ist das Thema der ersten Lebenshälfte. Seine Kräfte messen, Stärke erleben, den anderen besiegen wollen, sowohl im körperlichen als auch im seelischen Sinne. Dieses Muster, sich nur im Kampf lebendig zu fühlen, bestimmt das Lebensgefühl der heimkehrenden

Krieger. Sie sind noch so mit dem Kampfmodus identifiziert, dass sie keine andere Art der Begegnung zur Verfügung haben. Deshalb greifen sie die fremden Kikonen sofort an und ernten Gewalt, was wiederum zum Verlust vieler der Gefährten führt. Es braucht eine Zeit, bis sich in ihnen eine andere Weise, zu leben und in Beziehung zu treten, ausbreitet.

Wer Gewalt erlebt hat, wie Odysseus und seine Gefährten als Kriegsteilnehmer, tut das, was traumatisierte Menschen oft tun: sie werden selbst zu Tätern und lassen – unbewusst – andere das erleiden, was sie selbst erleben mussten. Sie stehen noch ganz im Bann der Gewalt. Sie können nur angreifen und verwunden, weil sie selbst verletzt sind und ihren Wunden schmerzen.

In Beziehungen brauchen manche sehr lange, bis sie das Muster des Kampfes aufgeben können. Dies zeigt sich in Partnerschaften daran, dass der Eine die Aktionen des Anderen nicht mehr als ständigen Angriff auf die eigene Person erlebt und deshalb nicht mehr mit Gegenangriff oder Selbstverteidigung reagieren muss. Wenn jedoch ein Partner noch in alten Verletzungen gefangen ist, hat er oft kein anderes Muster zur Verfügung, als das, was der andere tut, als gegen sich gerichtet zu erleben. So wird der Partner zu seiner ständigen Gefahrenquelle. Dies hat in der Regel seine Ursache in verqueren und rivalisierenden „kriegsähnlichen" Beziehungsmustern der jeweils eigenen Ursprungsfamilie. Es kann die Beziehung zu den Eltern sein, die ihr Kind als ständige Gefahr erleben, oder die Geschwisterbeziehung, die von Rivalität und den Kampf um den ersten Platz gekennzeichnet ist. Kinder, die in solchen rivalisierenden Beziehungsverhältnissen groß werden, haben als Erwachsene die Neigung, alles, was der andere tut, auf sich zu beziehen. Dadurch bringen sie sich selbst in die oft unterlegene Position, was natürlich Kränkung und Wut bewirkt, die dann durch einen neuen Gegenangriff bewältigt werden. Der Kreislauf der Gewalt schließt sich.

Neben dieser allgemeinen seelischen Gewaltinszenierung in zwischenmenschlichen Beziehungen gibt es in der Kampfszene bei den Kikonen einen ganz spezifisch traumatischen Hintergrund. Mit Odysseus und seinen Gefährten geschieht, was nach jedem Krieg geschieht: die Gewalt sitzt ihnen so in den Knochen, dass sie die Kikonen wie Kriegsbeute behandelt, sie überfallen, plündern, vergewaltigen. Die Helden von Troja sind traumatisierte Opfer. Im Krieg gibt es keine Sieger. Sie tun, was alle traumatisierten Menschen tun, vor allem die Kriegsteilnehmer: Sie verdrängen ihren Schmerz und verleugnen ihre Verwundungen, indem sie andere in die Lage bringen, in der sie selbst waren. Die Gruppe der Kriegsheimkehrer unter der Führung des Odysseus wird gewalttätig, die heimkehrenden „Helden von Troja" offenbaren sich als verwundete und verrohte Opfer. Um ihren Schmerz nicht zu spüren, überfallen sie die Kikonen und erzeugen damit Gegengewalt. Denn die Kikonen wehren sich, rufen ihre Nachbarn zu Hilfe und beginnen einen erbitterten Kampf, in dem Odysseus unterliegt, zahlreiche seiner Leute ihr Leben lassen und er selbst schließlich die Flucht antreten muss. Er ist noch so im Bannkreis der Gewalt gefangen, dass er von ihr geradezu gezwungen wird, sich seiner eigenen Traumatisierung als Opfer zu entledigen, indem er andere als Täter zu seinen Opfern macht.

Hier bei den Kikonen ist in einer einzigen Kampfhandlung das verdichtet dargestellt, was sich oft über Generationen hinweg fortsetzt, wenn die Männer, die im Krieg waren,

ihre Verletzungen und Traumatisierungen nicht
verarbeiten, sondern sie in der Verdrängung halten oder
sie im nachhinein idealisieren. Bei uns in Deutschland
setzt sich das gewaltige Elend des Ersten und Zweiten
Weltkrieges oft bis in die dritte Generation fort. Wie oft ist
es geschehen, dass die Heimkehrenden ihre furchtbaren
Erlebnisse unter Verschluss halten und deren Kinder und
Enkel an den Symptomen leiden, die dem Trauma der
Väter und Großväter entstammen.

Wie groß die Sehnsucht nach Vergessen der erlebten
Gewalt ist, zeigt sich an der Komposition der Reiseroute
durch Homer: Er lässt sie als zweite Station ins Land des
Vergessens gelangen.

Lotusesser: Vergessen und verdrängen oder Leben im Jetzt

Nach dem verlustreichen Kampf mit den Kikonen führt sie
der Weg nach Süden und sie betreten an der sizilianischen
oder vielleicht sogar an der afrikanischen Küste das Land.
Die naturverbundenen, friedliebenden und freundlichen
Bewohner geben ihnen Lotos zu essen, eine Frucht, die sie
auch selber verzehren. Diese Droge versetzt sie in einen
anderen Zustand. Sie vernebelt ihren Geist und lässt sie
ihren Wunsch nach Rückkehr vergessen und nicht mehr an
ihre Heimat denken. Vielleicht sind damit auch ihr Leiden
und ihr Schmerz vergessen.

In entwicklungspsychologischer Perspektive stehen die
Lotophagen für eine frühe Stufe der Bewusstseinsevolution. Sie sind Träumer, geben sich dem Rausch
hin und leben ohne Zeitgefühl. Man könnte sagen, sie sind
noch ganz im Unbewussten gefangen und haben wenig

Gespür für ihr eigenes Ich. Ihre Individualität ist noch kaum entwickelt. Aber diese Sicht ist doch sehr einseitig und es zeigt hier, wie wichtig es ist, die spirituelle Dimension hinzuzunehmen. Mit ihr erscheinen die Lotophagen nämlich keineswegs als rauschsüchtige und realitätsvergessene Blumenkinder, sondern in ihnen repräsentiert sich ein Bewusstseinszustand, der nicht nur als Rückfall, sondern auch als Erweiterung und Transzendierung des normalen Alltagsbewusstseins verstanden werden kann. Sie lehren das Vergessen. Allerdings wird in dieser Szene noch nicht ausgeführt, wie heilsames Vergessen geht und was es von Verdrängung oder einem unfruchtbaren und rauschhaften Die-Augen-Verschließen unterscheidet. Später, beim Aufenthalt im Hades, werden wir erfahren, dass Vergessen etwas mit Erinnern und hinschauen zu tun hat. Wir greifen also Einsichten aus dieser späteren Reiseetappe im Folgenden vorweg.

Die Lotosesser leben ohne Vergangenheit und Zukunft, ganz im Jetzt. Diese Fähigkeit haben uns die an Demenz leidenden Menschen voraus, wenn sie nicht mehr wissen, wer sie sind, wo sie sind und was gestern war. Unter dem Blickwinkel eines zeitlich und örtlich orientierten Menschen, der sicher weiß, wer und wo er wann ist, erscheinen sie als krank. Aus einer anderen Perspektive jedoch haben sie uns etwas voraus: Sie leben ohne den Ballast einer persönlichen Identität, ohne Vorher und Nachher im ständigen Jetzt. Sie definieren ihre Identität nicht durch Identifizierungen mit vergangenen Erlebnissen und Zuschreibungen. Je weiter ihr demenzieller Zustand voranschreitet, desto weniger steht ihnen diese den Angehörigen fremde Art der Identitätszuschreibung zur Verfügung. Das irritiert die Anderen, die scheinbar Normalen und Gesunden.

Mit diesem anderen Bewusstseinzustand kommt Odysseus in Kontakt, so als müsse er lernen, dass es auch eine andere Art des Lebens gibt als zu reisen, zu kämpfen, zielorientiert und rational zu handeln. Diese Fähigkeit ist dem modernen Menschen weitgehend abhanden gekommen. Heute lernen wir die Kunst der Gegenwärtigkeit von den spirituellen Weisheitslehren. Die Aufmerksamkeit für den Augenblick und das Freiwerden von gewohnten Identitätsmerkmalen ist wie einen unbekannten Kontinent betreten, so sehr sind wird an die einseitige Perspektive des rationalen und zielorientierten Denkens gebunden. Auch Odysseus muss einen neuen Kontinent – Afrika – betreten, um diesen neuen Bewusstseinszustand zu entdecken. Die Frucht der Lotospflanze erinnert an den Buddhismus als die Lehre, die wohl am Intensivsten lehrt, sich nicht mit der Vergangenheit zu identifizieren, sondern sich frei zu machen für die heilende Kraft der Gegenwart.

Odysseus kommt aus dem Krieg, d. h. er hat viele Gewalterfahrungen zu verarbeiten. Er sucht als Traumatisierter zu vergessen, was schwer auf seiner Seele lastet. Er sucht nach Orten, die heilend sind und ihm helfen, sich von den Schmerzen und der erlebten und ausgeübten Gewalt zu befreien, die ihn an die Vergangenheit bindet. Damit soll nicht gesagt werden, dass man traumatische Erfahrungen dadurch verarbeitet, dass man sie einfach vergisst und im Rausch ertränkt. Das hat die Kriegsgeneration ihren Kindern zugemutet und damit das Trauma an sie weitergegeben. Wohl aber gilt, dass man über vergangene schmerzhafte und traumatisierende Erlebnisse nur reden kann, wenn man sich im Jetzt sicher und aufgehoben fühlt.

Das gilt eigentlich für jeden, nicht nur für traumatisierte Menschen. Wer beispielsweise in einer ihn kränkenden Situation mit einer alten schmerzhaften Erfahrung von Verletzung identifiziert bleibt, aktualisiert das alte Muster und macht es wirkmächtig in der Gegenwart. Die Folge ist, dass er nicht offen ist für eine neue Erfahrung im Jetzt, sondern nur den alten Schmerz neu aufleben lässt. Die Erinnerung an früher verschafft unsrem Ich in gewisser Weise Beständigkeit und verleiht ihm Identität. Weil wir uns mittels Gedächtnisleistungen an die Vergangenheit erinnern, scheint das ein Beweis zu sein, dass es sie gibt und keineswegs eine Illusion ist. Hierin sehen die Mystiker einen entscheidenden Fehler, wenn sie auf etwas im Grunde Selbstverständliches hinweisen, dass nämlich die Erinnerung an die Vergangenheit im Jetzt geschieht. *Das was wir für Vergangenheit halten, ist eine im Augenblick des Jetzt hervorgerufene Erinnerung, und diese Erinnerung ist selbst ein Jetzt.* Man kann sich zwar auf eine Situation im Jetzt einstellen und gleichzeitig mit Erinnerungen an die Vergangenheit beschäftigt sein, aber beides findet parallel im Jetzt statt. Man ist dann nicht richtig anwesend, aber die gefühlte Nichtanwesenheit ereignet sich im Jetzt. Das eine kann in den Hintergrund treten und auf das Vordergrunderleben einwirken, aber dem Augenblick entfliehen kann man nicht.

Durch Selbstbeobachtung ins Jetzt gelangen: Die Vorstellung von Vergangenheit und Zukunft aufgeben

Wer über die Jetzt-Momente (Stern 2005) einen Zugang zur ungeteilten Wirklichkeit des Seins gefunden hat, vermag sich vermutlich besser von Anhaftungen an alte Identifikationen zu lösen. Das Aufgeben von gewachsener Identifikation mit alten Beziehungsszenen macht Angst, weil dies ja als zunächst als Ich-Verlust erlebt wird. Wenn

70

ein Bewusstsein für die hinter dem Ich vorhandene nicht-duale Wirklichkeit entsteht, dann ist das Loslassen von alten Identifizierungen nicht mehr so angstbesetzt, sondern kann im Gegenteil als Schritt zur größeren Bewusstheit und Gegenwärtigkeit erlebt werden, weil ein Mensch dann frei ist, sich dem Augenblick hinzugeben. Das hat heilsame Auswirkungen in Beziehungen, denn dadurch ist die Möglichkeit eröffnet, in einer Beziehungsszene etwas Neues entstehen zu lassen und nicht nur die alten festgefahrenen Muster zu wiederholen.

Es ist bereits mehrmals von Loslassen die Rede gewesen. Ich werde bei Vorträgen oft gefragt, wie denn Loslassen geht. Ich antworte gerne: Loslassen geht eigentlich gar nicht, schon gar nicht durch aktives Tun oder Machen. Wer loslassen will, ist schon zu sehr mit seinem Willen beschäftigt, dass er sich aufs Loslassen fixiert und damit das verhindert, was er eigentlich wünscht. Ich glaube, die geeignete Weise loszulassen ist, die Haltung des wohlwollenden und nicht bewertenden Beobachters einzunehmen. Dadurch entsteht Abstand zu dem, was mich gerade besetzt und festhält. Und dieser Abstand wäre denn eine Bewegung, die auch das Loslassen betrifft, denn man kann ja auch am Loslassen festhalten. Darüber hinaus ist die Methode der Selbstbeobachtung äußerst geeignet, im Jetzt anzukommen. Denn die Vergangenheit existiert ja nur in Form von Gedanken und Erinnerungen, die wir im Jetzt aktivieren. Durch Beobachtung entlassen wir diese Gedanken wieder und werden frei für den Augenblick und seine jeweiligen Chancen und Möglichkeiten.

Die Haltung der Selbstbeobachtung führt zur Entidentifizierung, d. h. zum Aufgeben von Anhaftungen an Szenen der Vergangenheit, meist an solche, die uns einst besonders verletzt, beschämt, gekränkt und geärgert haben und die nie aufgearbeitet worden sind. Wie ist dieses Aufarbeiten im Sinne des Aufgebens, Loslassens und Vergessens genauer zu verstehen? Machen wir uns zunächst bewusst, dass die Identifikation mit Menschen und Erlebnissen der Vergangenheit unserem Ich so etwas wie ein Identitätsgefühl gibt. Ich weiß, wer ich bin, wenn ich meine Vergangenheit kenne. Neben dem Sicherheitsgefühl kann das Verhaftet-Bleiben mit Menschen und Erlebnissen aus der Vergangenheit das Ich aber auch sehr einschränken und seinen Handlungsspielraum verringern. Deshalb bildet der Vorgang der Auflösung von Identifikationen eine Möglichkeit, den Freiraum des Ichs im alltäglichen Erleben zu erweitern. Dies wird umso eher möglich, je weniger das Ich die Aufhebung von Identifikationen als angstvoll erlebt. Dies ist z. B. dann besser möglich, wenn es die innere Sicherheit durch das Verbundenheitsgefühl mit dem größeren Ganzen gibt, die als Erfahrung der Einheit mit der nicht-dualen Wirklichkeit das absolute Selbst aktiviert. Diese Seinsverbundenheit ermöglicht es, sich zu lösen von vermeintlichen Identitäten, von Bildern und Zuschreibungen, die wie ein mentales Gefängnis wirken können.

Man muss aber auch sagen, dass dies nur im normalpsychologischen Bereich gilt. Es gibt bei traumatisierten Menschen eine Art von Vergangenheit im Ich, die nicht als Vergangenheit erinnert werden kann. Die traumatisierenden Erlebnisse haben sich über den Weg der Introjekte Zugang ins Seelenleben eines Menschen verschafft haben und stellen sich dort als Blockade der Persönlichkeit dar. Dafür ist dann professionelle Hilfe notwendig. Für die anderen weniger extremen Bereiche werden die Identifizierungen der Vergangenheit über den jeweilig aktuellen Erinnerungskontext aktiviert. Je stärker ein Mensch im Jetzt der Gegenwart lebt, desto mehr wird die Bereitschaft zur Deidentifikation als schöpferisches Leerwerden und Offensein für das Jetzt gefördert.

Die heilsame Wirkung der Deidentifikation über den Weg der Selbstbeobachtung, also das Leben im Jetzt, zeigt sich besonders in den Beziehungsverwicklungen einer Partnerschaft. Hier werden ja regelmäßig alte, konflikthafte Beziehungsmuster aus der Ursprungsfamilie wiederbelebt, geleitet von der (unbewussten) Hoffnung auf Heilung und Veränderung.

> *Wenn z. B. jemand in einer Beziehung sich immer wieder an seinen Partner klammert aus Angst, von ihm verlassen zu werden, so aktiviert er dieses unproduktive Muster in der geheimen Hoffnung, dass er seine Verlassenheits- und Trennungsangst auf diese Weise bewältigen kann. Er ist sich dabei nicht bewusst, dass er genau das Gegenteil erreicht. Der Umklammerte wird sich immer mehr distanzieren, um nicht unterzugehen in der Beziehung, was wiederum dazu führt, dass sich der Eine in seiner Befürchtung bestätigt fühlt, was ihn wiederum zur Verschärfung seiner Anklammerung führt, usw. Wenn in einer solchen Situation jeder Partner durch Selbstbeobachtung seinen Beitrag zur Entschärfung und Klärung des Konfliktmusters leistet, ist er im Jetzt angekommen und könnte den Kreislauf der Anklammerung, Distanzierung und Angstverstärkung unterbrechen. Dies wäre ein erster wirksamer Schritt zum Ausstieg aus dem beschriebenen Teufelskreis.*

Im Jetzt zu leben ist eine Form, unserer eigenen Vergangenheit, wie sie in den inneren Bildern und mentalen Konstrukten fortbesteht, ihre prägende Kraft zu nehmen. Die Vergangenheit unserer frühen familiären Beziehungen prägt uns, aber sie legt uns nicht fest. Wir können die historische Vergangenheit unseres Lebens, vor allem die Versagungen, Verletzungen, Konflikte und Funktionalisierungen nicht mehr ändern. Aber genau genommen ist diese Vergangenheit auch nicht das Problem. Das Problem ist, wie wir diese Vergangenheit in uns fortsetzen, sie zur Gegenwart machen und dadurch aktualisieren. Wenn wir unsere kindliche Prägung nicht als unser heutiges Konstrukt durchschauen, wird die Kindheit zum Schicksal, das uns festlegt. Dann ist der Weg nicht mehr weit, Glaubenssätze über uns zu bilden, die dann wie eine unveränderliche Botschaft über dem eigenen Leben schwebt. Diese Botschaften bedürfen der besonderen Achtsamkeit, um ihnen ihre destruktive Energie zu entziehen und ihre Wirksamkeit zu nehmen. Durch diesen Wechsel von der „Ich-Besetzung zur Aufmerk-samkeitsbesetzung" (Peichl 2007, 106) wird ein Ich-Zustand der Vergangenheit durch einen anderen ersetzt, der der aktuellen Situation angemessener ist. Nicht im Jetzt zu leben heißt demnach, sich in Ich-Zuständen aufzuhalten, die nicht zur jeweiligen Realität passen. Diese bilden vielmehr ein Kondensat von Szenen aus der Vergangenheit, die sich im biographischen Gedächtnis eingenistet haben und damit Gegenwärtigkeit verhindern. Wenn z. B. jemand kindlich mit Trotz oder Beleidigt-Sein auf eine aktuelle Situation reagiert, denn wird eine vergangene Szene aktiviert. Veränderung kommt dadurch zustande, dass der Identifikation mit einer solchen Szene die Aufmerksamkeit entzogen wird, wenn sich der Scheinwerfer der Beobachtung nicht auf das Ich, sondern auf die aktuelle Situation und die dort anzutreffenden Bedürfnisse richtet.

Ein Beispiel ist eine typische Beziehungsszene: eine Frau fühlt sich dadurch von ihrem Partner gekränkt, weil dieser ihr nicht die gewünschte Aufmerksamkeit gibt, die sie sie zu bekommen hofft. Die zurückhaltende Weise des Mannes, der in sich kein Fehlverhalten erkennt, löst in der Frau die Aktivierung einer vergangenen Szene aus, die das Kränkungsgefühl bewirkt. Sie wurde in Ihrer Familie oft übersehen und bekam von ihren Eltern wenig Resonanz auf ihre Person, worunter sie sehr gelitten hat. Weil sie sich von dieser Erfahrung noch nicht gelöst hat, bleibt die emotionale Besetzung der vergangenen Szene erhalten, wodurch diese in der Gegenwart wirksam bleibt. Aufmerksamkeitsbesetzung bestünde nun darin, zu prüfen, ob die reale Szene mit ihrem Mann es verdient, mit einer alten Erfahrung bearbeitet zu werden. Dann käme z. B. die Einsicht dabei heraus, dass es nicht klug ist, dem Mann so viel Macht zu geben, sie durch sein völlig unbeabsichtigtes Verhalten zu kränken. Sie könnte sehen, dass er aus anderen, in ihm selbst begründeten Motiven so handelt, wie er handelt. Vielleicht ist er selbst zu wenig beachtet worden und verfügt nicht über die Fähigkeit, Rückmeldung und Resonanz zu geben. Die Frau könnte dann sehen, dass ihr Mann auch ein Problem hat und sie wäre dann freier, zu entscheiden, ob sie sich durch sein Verhalten derart kränken lassen will. Sie ist dann mehr Subjekt als Objekt, lebt die Gegenwärtigkeit und entscheidet selbst, wie sie sich fühlen will.

Eine solche Aufmerksamkeitsbesetzung der aktuellen Szene gelingt besser, wenn ein Kontakt zum Jetzt besteht und damit eine Verbindung zu dem Teil unseres Selbst hergestellt ist, der hinter den Mustern der Vergangenheit verborgen liegt und uns in den Zustand der Gegenwärtigkeit versetzt.

Im Land der Kyklopen – Begegnung mit Polyphem: Das riesenhafte Ich und die Distanzierung vom Ich

Nach ihrem Abschied von den Lotusessern erreichen Odysseus und seine Gefährten das Land der Kyklopen, bei denen alles wächst, was sie zum Leben brauchen. Sie sind noch ganz mit der Natur verbunden. Als Riesen ist ihr unbewusster Persönlichkeitsanteil entsprechend groß, ihr sozialer und bewusster dagegen noch winzig. In ihrer Undifferenziertheit kennen sie noch keine Gesetze und keine soziale Ordnung, sie sind unfähig, sich aufeinander einzustellen, sie wohnen isoliert in Höhlen und können die Natur noch kaum kultivieren, weil sie selbst noch Teil von ihr sind. Sie leben von dem, was die üppige Natur wachsen und gedeihen lässt. Wenn sie Schafe und Ziegen züchten, befinden sie sich noch weitgehend in Übereinstimmung mit der nährenden Mutter Natur, sie sind Teil von ihr und erleben sich kaum als von ihr abgegrenzte Individuen. Deshalb sind sie mit den natürlichen Dingen auch bestens vertraut, haben aber, wie sich später zeigt, mit der sprachlichen Benennung ihre Probleme. Odysseus ist neugierig, sie kennenzulernen. Er nimmt zwölf seiner besten Männer mit und entdeckt eine Höhle:

„Hoch von Lorbeer ganz überdacht; drin pflegte viel Kleinvieh,
Schafe sowohl als Ziegen, des Nachts zu schlafen, und ringsum
War ein hohes Gehege aus Findlingsblöcken und langen
Fichten und hochgelaubten Eichenstämmen errichtet"

Mit dieser natürlichen Idylle kontrastiert die Beschreibung des Bewohners der Höhle:

„Dort übernachtete auch ein riesiger Mann, der alleine
Seine Herde zur Weide trieb, fernab, denn mit anderen
Pflegte er nicht zu verkehren in frevelhafter Gesinnung,
Wie ein gewaltiges Wunder war er geschaffen, er glich nicht
Brotverzehrendem Mann, vielmehr dem bewaldeten Gipfel
Hoher Berge, der sichtbar ist allein von den anderen" (9, 183-192).

Als sie die Höhle betraten, die voll war von Lämmern und Ziegen, angefüllt mit Käse und Brot, wollten seine Gefährten alles eilends rauben und aufs Schiff bringen, bevor der Kyklop zurückkehrte. Odysseus aber, getrieben von Neugier, bestand darauf, dem Bewohner selbst zu begegnen und von ihm das Geschenk der Gastfreundschaft zu erhalten. So warteten sie und versteckten sich in einer Ecke der Höhle. Als der Riese abends nach Hause kam, seine Schafe in seine Behausung trieb und sich ein Feuer für das Nachtmahl anzündete, entdeckte er

77

die Eindringlinge. Odysseus stellt sich als schiffbrüchiger Grieche vor und bat um Bewirtung. Statt der Bitte des Odysseus um Gastfreundschaft nachzukommen, rollte der Kyklop einen riesigen Felsblock vor den Ausgang der Höhle, um dann im Handumdrehen zwei seiner Mannschaftskameraden zu verzehren. Als er sich nach diesem Mahl schlafen gelegt hatte, dachte Odysseus daran, ihn zu töten, verwarf den Plan jedoch wieder, da sie unmöglich alleine den Felsblock vom Eingang weg wälzen konnten. Als der Kyklop am nächsten Tag wieder zwei der Gefährten verspeiste, ersann Odysseus einen Plan. Als er einen Stamm aus Olivenholz am Boden der Höhle entdeckte, spitzte er ihn an, um den Menschenfresser damit am nächsten Tag zu blenden. Nachdem der Kyklop abermals Menschenfleisch verspeist hatte, servierte ihm Odysseus starken süßen Wein, den er mitgebracht hatte. Der angetrunkene Riese wollte den Namen von Odysseus erfahren, der sich in listiger Verschlagenheit als „Oudeis" (Οὖδεις) bezeichnete, als *Niemand*, (wörtlich: nicht einer) – ein Wortspiel mit seinem wahren Namen Odysseus:

> *„Niemand ist mein Name, und Niemand nennen mich immer*
> *Mutter und Vater und sonst auch alle meine Gefährten" (9,365f).*

Nachdem der Riese ihm daraufhin in Aussicht gestellt hatte, als sein Gastgeschenk ihn als letzten zu verspeisen, fiel er betrunken in tiefen Schlaf. Daraufhin härtete Odysseus die Spitze des Olivenbaumes in Feuer und rammte ihn in das mitten auf der Stirn befindliche Auge des Riesen (das „Kyklopenauge"). Als er in seinem Schmerz schrie, kamen die anderen Kyklopen ihm zu Hilfe und fragten ihn, wer ihm etwas angetan habe. Er rief,

Oudeis, Niemand, habe ihn geblendet, *Niemand* habe versucht, ihn zu ermorden. Daraufhin kümmerten sich die anderen Kyklopen nicht weiter um ihn und zogen ab. Als der Geblendete seine Schafe am nächsten Morgen zur Weide hinauslassen wollte, tastete er alle ab, damit ihm Odysseus nicht entkommen konnte. Dieser aber band je drei Schafe zusammen, klammerte sich und die restlichen Gefährten fest im Bauchfell des mittleren Tieres, sodass sie Polyphem nicht ertasten konnte. So konnten sie der Höhle entkommen. Als sie sicher ans Ufer des Meeres gelangt waren, verhöhnte Odysseus von seinem Schiff aus den blinden Riesen, indem er ihm seine Identität preisgabt, woraufhin dieser in rasender Wut mit einem Felsbrocken nach ihm warf ihn fast noch getroffen hätte.

Betrachten wir zunächst die *psychologische Seite* dieser Geschichte. Die Kyklopen sind Riesen, die nicht nur über gigantische, übermenschliche Stärke verfügen, sondern sich auch auf die Kunst des Schafe-Züchtens verstehen. Gegenüber den Lotophagen repräsentieren sie eine neue Bewusstseinsstufe, sie sind auf dem Weg, ihre Umwelt zu kultivieren, auch wenn sie mit einem Teil noch ganz der unbearbeiteten rohen Naturwelt angehören. Polyphem, einer von ihnen, ist als Gegenspieler des Odysseus mit nur einem Auge auf der Stirn ausgestattet. Er sieht also noch nicht perspektivisch, kann nicht die Sichtweise des anderen wahrnehmen, geschweige denn, dass er mit dem dritten Auge, also symbolisch, sehen könnte. In seinem Mangel wird sichtbar, was uns zu Menschen macht: Dass wir nämlich mit zwei Augen sehen können, dass heißt in der Lage sind, die Dinge perspektivisch wahrzunehmen. Dies beinhaltet auch die Fähigkeit anzuerkennen, dass der andere eine andere Sichtweise auf die Dinge hat, dass sie ihm also anders erscheinen als uns selbst. Über diese Mentalisierungsfähigkeit verfügen die Kyklopen noch nicht, sie sind noch nicht ganz Mensch geworden, wenn man diese Fähigkeit als einen Indikator für die Fähigkeit zur zwischenmenschlichen Verständigung gelten lässt. Die Kyklopen in der Odyssee sind ein treffendes Beispiel für diesen Übergangszustand auf dem Weg vom Einheitsbewusstsein ins differenzierte Menschsein.

Menschheitsgeschichtlich weisen die Riesen in die Zeiten zurück, in denen sich in vielfältigen Übergängen der heutige Mensch herausbildete. Riesen markieren diesen Übergang und bewahren als Vorstellungsinhalt unserer Psyche die Erinnerung an die vormenschliche, „gigantische" Vergangenheit. Die Kyklopen sind mit den Titanen einäugige Söhne des Uranos, der seinen Kindern noch keine Zuneigung entgegenbringen kann, vielmehr hält er sie in den Tiefen der Erde gefangen. Dass er seine Kinder als Rivalen erlebt und beseitigt, setzt sich auch unter Kronos fort, der als jüngster Sohn des Uranos diesen aus Rache auf seinem Ehebett entmannt. Kronos verschlingt seine Kinder, nur Zeus gelingt es mit Hilfe seiner Mutter Rhea, mit einer List dem Verschlungen-Werden zu entkommen. Zeus ist es auch, der die Kyklopen befreit aus dem Gefängnis im Inneren der Erde.

Diese Familiengeschichte des Polyphem und der Kyklopen macht deutlich, dass diese selbst das Opfer schwerer Traumatisierungen sind. Sie sind so riesig groß geraten, weil sie so wenig Aufmerksamkeit und Respekt erfahren haben. Weil sie klein gehalten wurden, sind sie zu Riesen geworden. In Wahrheit ist der Riese ja nicht groß und stark, sondern klein und hilflos, noch nicht so weit entwickelt wie ein Mensch, der Bindung und Resonanz, Achtung und Respekt erfahren hat.

In der Göttergeschichte bildet sich auch das individuelle Schicksal ab, das einem Menschenkind widerfährt, das zu wenig Resonanz und Bindung erfahren hat. Hier verweist die Riesen-Vorstellung in die frühe Zeit der Formung unseres Selbstbildes. So wie die Riesen in der langen Entwicklungsgeschichte des Menschen Symbolisierungen der vormenschlichen Zeit sind, entsprechend verweist diese Metapher entwicklungspsychologisch in die frühen Bildungsprozesse unseres Ichs. Die Psychoanalyse spricht vom „Größen-Selbst" und vom „Ichideal" und meint damit jene Idealisierung des eigenen Selbst, die als Kompensation der Enttäuschungen über die nie ganz befriedigenden Eltern, aber auch wegen Verletzungen durch die mangelnde Beachtung und das Nicht-Vorkommen bei ihnen entstehen. Das Kind macht durch diese Selbstidealsierung die Versagungen, Verletzungen, Krän-kungen und Entbehrungen für sich erträglich, indem es sich übergroß und allmächtig phantasiert. In der weiteren Entwicklung schleifen sich dann die unrealistischen Größenvorstellungen im Kontakt mit der Wirklichkeit immer mehr ab, so dass allmählich ein einigermaßen realitätsorientiertes Selbstbild entsteht. Reste des Größen-Selbst bleiben allerdings erhalten in unserem Ichideal: sie können als Selbstvertrauen und Selbstwertgefühl gute Begleiter für die anstehenden Aufgaben sein, die das Leben bereithält; sie können sich aber auch auswachsen zu einer regelrechten narzisstischen Störung, die uns in Größenphantasien über uns selbst wie in der Höhle des Polyphem gefangen halten, realistische, erwachsene Selbstbilder verhindern und uns unfähig machen zur Aufnahme zwischenmenschlicher Beziehungen. Für letzteres steht die Unfähigkeit Polyphems, Odysseus Gastfreundschaft zu gewähren.

81

Im Ichideal sind aber auch die Wünsche nach frühem Glück oder besser gesagt nach Abwesenheit von Unglück, Spannung und Konflikt enthalten. Diese Wünsche basieren auf der Erfahrung des frühen Enthaltenseins im Leib der Mutter und nach der Geburt in der Obhut der Eltern. In der Regel sind diese glückseligen Zustände im Bild vom Paradies aufbewahrt, welches auf der einen Seite Sehnsucht nach solchen paradiesischen Zuständen hervorruft und auf der anderen Seite Wut und Hass entzündet auf alles, was der Erfüllung dieser Sehnsucht im Wege steht. In den riesenhaften Kyklopen ist die Sehnsucht nach dem verlorengegangenem Paradies besonders groß, schließlich wurden sie ja lange im Inneren der Erde gefangen gehalten, sodass sich in ihnen die Vorstellung des Enthaltenseins mächtig aufgebläht hatte. Als Symbolisierung des nicht gemilderten Ichideals kann man die Erdhöhle ansehen, in der Polyphem lebt.

Das Bild des Enthalten Seins schützt das heranwachsende Kind vor Versagungen des Lebens außerhalb dieses bergenden Raumes und bewahrt die Erfahrung der harmonischen und konfliktfreien Verbundenheit mit einem primären, mütterlichen Universum, wie sie bereits in den vorgeburtlichen Erfahrungen Grund gelegt sind. Die Kehrseite dieser Erfahrung ist, dass alles, was das Glück des Enthaltenseins und den Zustand der Harmonie und Konfliktfreiheit bedroht und gefährdet, heftige Wut und Aggression hervorruft. Als eine solche Bedrohung werden Odysseus und seine Leute erlebt. Polyphem sieht in ihnen böse Eindringlinge und nicht Gäste, denen man freundlich begegnen kann. Im Riesen, im riesig großen Ichideal, sitzt ein hohes Maß an zerstörerische Energie und Feindseligkeit gegenüber dem Fremden, der seine harmonische Welt stört. Der mythische Riese frisst die Menschen auf – aus Neid auf deren Menschsein, wie es der Kyklop Polyphem mit den Gefährten des Odysseus tut. Weil die Riesen wenige abgegrenzt sind und jenen Zustand des differenzierten Menschseins noch nicht erreicht haben, wie er in der Geschichte von Sündenfall und der Vertreibung aus dem Paradies im Buch Genesis (2, ab-3) beschrieben wird, sind sie beherrscht von ungefilterter Aggression, die sich in nackter Gewalt äußert. Die für die Fähigkeit von zwischenmenschlichen Beziehungen notwendige Integration von Liebe und Hass ist bei den Riesen noch nicht vollzogen. Die Hemmung des Hasses durch die Fähigkeit zur Besorgnis, zu Schuldgefühlen und zu der Bereitschaft zur Wiedergutmachung führt schließlich zur Liebesfähigkeit, die jenseits aller romantischen Verklärung der Liebe lediglich meint, dass die Aggression etwas geringer ist als die Zuneigung. Was man dem Riesen wünschen kann, ist, dass er in einen Wandlungsprozess eintritt, der aus ihm schließlich ein menschliches, liebesfähiges Wesen macht. Ansatzpunkte dafür gibt es auch bei Polyphem. Nachdem er Odysseus und seine Gefährten in seiner Höhle eingeschlossen hat, kümmert er sich geradezu liebevoll um seine Tiere, er melkt sie und legt die Jungen an den Euter der Mutter. Im Bereich des Tierischen vermag der Riese Mitgefühl und Zuwendung aufzubringen, jedoch erscheint ihm der Mensch als fremd und angsteinflößend. Seinen riesigen Hunger nach Zuwendung und Liebe stillt er dadurch, dass er die Menschen verschlingt.

In der Begegnung zwischen Polyphem und Odysseus deutet sich aber auch eine innere Wandlung und Entwicklung an, die als ein Geschehen auf der äußeren Bühne dargestellt wird. Der Held überlistet den Riesen zunächst dadurch, dass er seine Angst benutzt, um sich eine List auszudenken, die ihm das Leben rettet: Er macht ihn berauscht mit süßem Wein, der ihn schließlich einschlafen lässt. Das aggressive Riesen-Bewusstsein wird durch ein geistiges Getränk, den Wein, außer Kraft gesetzt. Auch der Zweite Akt der Überwältigung des Kyklopen deutet auf Wandlung hin: Mit der glühenden Spitze eines Pfahles aus Olivenholz sticht Odysseus ihm das eine Auge aus. Das Ausbrennen des Auges mit Feuer ist nicht nur ein zerstörerischer Akt, sondern ein Wandlungssymbol: es markiert die notwendige Opferung der Größenphantasien, durch die aus dem Riesen ein soziales Wesen werden kann, das eine neue Bewusstseinstufe erreicht hat. Im Ödipusmythos ist es die Selbstblendung, die Ödipus nach Vatermord und Mutterehe an sich vollzieht und die ein neues Bewusstsein symbolisiert, welches ihm Einsicht gewährt in die unbewusste Verstricktheit in seine Taten. Die äußeren Augen müssen blind werden, um die inneren Augen der Selbsterkenntnis öffnen zu können.

Als weiteres Bild kommt mir die Vorstellung vom Königssohn in den Sinn, dessen Entwicklungsweg im Grimmschen Märchen „Vom Königssohn, der sich vor nichts fürchtet" beschrieben wird: Der noch ganz in seinem narzisstischen Größenselbst gefangene Königssohn wird von seinem Vater auf die Reise geschickt und hat mancherlei Proben zu bestehen. Unter anderem trifft er auf Riesen, und spielt mit deren überdimensional großen Spielzeugen. In der Auseinandersetzung mit diesem kindlichen Teil seiner selbst wird er fähig, eine dauerhafte Beziehung zu einer Frau zu leben. Bleibt der riesenhafte Teil des Selbst, die Allmachtsvorstellung, dominierend, kommt es nicht zur Entwicklung und Reifung. Symbolischen Ausdruck findet diese erfolgte Entwicklung und Wandlung regelmäßig im Bild von der „Heiligen Hochzeit", der Begegnung des Mannes mit der Frau, die er nicht mehr zurückweisen, abwerten und „töten" muss, weil er seine eigenen Wünsche und Bedürfnisse nach Bezogenheit auf das Weibliche erkannt hat und damit die Frau als ein von ihm differenziertes Gegenüber wahrnehmen kann.

Die Wandlung des Riesen zum Menschen wird anschaulich in der allgemein mythologischen Vorstellung vom Helden, der auf seinem Weg vieles opfern muss, insbesondere sein riesenhaftes Größen-Selbst, um ein beziehungsfähiger Mitmensch zu werden. So wird in der auf C. G. Jung zurückgehenden Tiefenpsychologie der sterbenden und auferstehende Held nicht einfach mit dem „Mann" gleichgesetzt, sondern mit einem in der westlichen Kultur vorherrschenden "männlichen" Bewusstseinszustand, der sich im männlichen Stereotyp des Schneller, Höher, Weiter eines ungebremsten Wachstumsglaubens und einer einseitigen Leistungsideologie ausdrückt. Diese Haltungen lesen sich als eine Verkörperung vorherrschender Ideale eines sterbenden, patriarchalischen Systems, welches riesenhafte Züge aufweist. Im sterbenden Helden setzt sich gleichzeitig ein neuer, eher auf „weibliche" Werte bezogener Bewusstseinszustand durch gegenüber dem aufgeblähten und einseitigen männlichen Ichideal.

Wie kommt es zu jener Einseitigkeit, die sich in der Entwertung des weiblichen durch das männliche Ich zeigt? Was verhindert die „Heilige Hochzeit", die integrative Verbindung zwischen anima und animus? Schauen wir noch einmal auf den kindlichen Entwicklungsweg. Der Knabe weist auf dem Weg seiner Mannwerdung irgendwann die Mutter mit all ihren Vorzügen von Versorgt-Werden, primärer Liebe und Sicherheit zurück, um sich als männliches Kind und später als Mann von der Mutter als seinem ersten Liebesobjekt different zu erleben. Diese Abgrenzung des werdenden Mannes von der weiblichen und

85

seine Identität als Mann bedrohenden Mutter erfolgt oft so rigide, dass eine spätere Wiedereingliederung des frühen Erfahrungsschatzes von weiblich-mütterlichen Werten und Eigenschaften in das Selbstbild des Mannes unmöglich wird. Genau um die Aufweichung dieser rigiden Abgrenzung, also um die Zurückgewinnung und Integration des Weiblichen, geht es auch in der Wandlung des Helden in den Märchen und Mythen. Es ist bekanntermaßen die anima, der von C. G. Jung so bezeichnete weibliche Teil der männlichen Persönlichkeit, die der Mann als das ihm innewohnende Bild des Weiblichen auf die reale Frau projiziert, anstatt es der eigene Persönlichkeit einzugliedern. Gelingt dies nicht, besteht dieses mächtige, undifferenzierte Mutter- und Frauenbild infolge der rigiden Grenzziehung bis ins Erwachsenenalter fort. In der Regel weist es dann zwei voneinander gespaltene Aspekte auf: die fürsorgliche, nährende „gute" Mutter-Frau und die verschlingende, klammernde „böse" Hexen-Frau mit ihren destruktiven Anteilen. Ich werde diese Aspekte in der Begegnung des Odysseus mit Kirke und Kalypso noch einmal aufgreifen.

Zur Verwandlung des riesenhaften Ichideals kommt es beim Mann in der Regel unter dem Druck einer Krise etwa im mittleren Lebensalter oder durch die seelische-intime Beziehung zu einer Frau. Diese emotionale Intimität kann das Selbstbild des Mannes und sein Ichideal heftig erschüttern, so dass er· den bisher abgewehrten Teil des Mütterlich-Weiblichen zulassen und erleben kann. Dies führt zu einer späten Verinnerlichung weiblicher Werte und zur Verwandlung eines frühen Ideals von Allmacht, Unabhängigkeit und absoluter Autonomie.

Genau darin besteht der heilsame Weg des Helden, den auch der Ödipus-Mythos beschreibt. Hier endete ja der gescheiterte Held im realen Inzest, weil er nicht zu einer

Wiedereingliederung des Weiblichen fand. Erst durch die symbolische Kastration der Blendung kommt es zu einer heilsamen Regression und zu einer Integration der anima, dem weiblichen Anteil im Seelenleben des Mannes. Die Vereinigung von Mutter und Sohn bekommt über das sexuelle Verständnis hinaus eine metaphorische Bedeutung. Das Inzest-Motiv wird vom Wunsch nach Passivität, Schutz und Versorgung gesteuert, sodass das Bild von der Mutter-Sohn-Vereinigung als Metapher für den frühen Zustand von Abhängigkeit und Sicherheit gelesen wird. So gesehen erscheint die Mutter-Ehe als eine Regression zu lange vergessenen Wünsche und Konflikten der frühen Kindheit, die von der nährend-versorgenden Mutter geweckt wurden, aber bisher nicht integriert werden konnten. Auf Grund der Entwicklungsdefizite der Eltern des Ödipus, Laios und Jokaste (Laios verführt den Knaben Chrysipp, anstatt ihn in der Kunst des Wagenlenkens zu unterrichten), wurde hier der Inzest real ausgeführt. Als mythischer und literarischer Stoff wurde er jedoch selbst zur Metapher für einen Wandlungsprozess des männlichen riesenhaften Ichs.

Beim Riesen Polyphem kommt es nicht zur lösenden Begegnung mit einer Frau, er verschließt den Eingang seiner Höhle mit einem riesigen Stein, um seine vermeintliche Autonomie, die ein beziehungsloses Eingeschlossen-Sein ist, zu erhalten. Es bleibt bei der Selbstabschließung. Wenn man die Odyssee tiefenpsychologisch so liest, dass alle Figuren einen Aspekt des Helden darstellen, dann werden wir hier mit den weiteren Entwicklungsaufgaben des Odysseus konfrontiert. Als Momentaufnahme repräsentiert dieser Riesen-Anteil des Odysseus den westlich orientierten Menschen, der als Mann oder als männlich identifizierte Frau unter strikter Abgrenzung zum Weiblichen eine heroische, riesenhafte „starke" Identität entwickelt. Viele Teile des Selbst werden vom modernen Typ heldenhaft seiner Karriere geopfert, und es kommt zu einer Dominanz von Eigenschaften wie Durchsetzungsvermögen, Stärke, Macht, Rationalität, Gefühllosigkeit. So bleiben diese einseitig identifizierten Männer und Frauen halbierte Gestalten, reduziert auf ihr Imponiergehabe und ihre vermeintliche Souveränität. Im mittleren Lebensalter, oft durch eine Krise ausgelöst, gewinnt das Weibliche bei Männern und Frauen mehr und mehr an Einfluss. Der einsetzende Wandlungsprozess wird als schmerzlicher, aber heilsamer Tod und als Verlust der phallisch-riesenhaften Natur und des mächtigen Ichideals erlebt und ist oft mit einer schweren narzisstischen Kränkung verbunden. Die Frucht dieser schmerzhaften Wandlung ist es, ganzer und vollständiger zu werden und die Teile zu leben, die vorher abgespalten waren und an andere, meistens an Schwächere oder Abgängige, delegiert wurden.

Dass es auch bei Odysseus zu einer Wandlung im oben erwähnten Sinn gekommen ist, erschließt sich mit Blick auf die *spirituelle Seite* der Begegnung mit dem Riesen.

Der spirituelle Aspekt liegt in der Antwort, die Odysseus dem Riesen gibt, als dieser nach seinem Namen fragt. „Oudeis – Nicht einer, niemand" antwortet Odysseus. Das Wortspiel mit seinem Namen und einem Nicht-Namen offenbart auf den ersten Blick eine List: Weil er weiß, wer er ist, kann er einen Namen tragen in dem Bewusstsein, dass er selbst mehr als sein Name ist. Deshalb kann er mit ihm spielen und ihn wie eine Tarnkappe benutzen: Odysseus und Oudeis – Name und Niemand. Über diese Fähigkeit des Abstand-halten-Könnens zur äußeren Identität verfügt nur der emanzipierte und aufgeklärte Mensch, das erwachte und sich seiner selbst bewusste Ich. Odysseus kann zwischen Namen und Sache, zwischen sich selbst und seinem Namen unterscheiden, was dem Polyphem noch nicht möglich ist.

Indem Homer uns dieses Lehrstück des Spiels mit Identität vorführt, zeigt sich ein ganz neuer Bewusstseinszustand, der für spirituelle Erfahrungen so bedeutsam ist. Es ist die Fähigkeit, von seinem eigenen Ich, für das Name und Identität stehen, Abstand zu nehmen. Der Name fungiert in unserer Szene wie eine Maske, die das eigentliche Selbst verdeckt. In der griechischen Tragödie nannte man diese Maske „persona" von lat. personare – durchtönen. Die Person mit Namen und Identität ist gleichsam nur die tönende Außenseite eines Menschen. Dieser ist mehr als seine nach außen gezeigte „persona". Zwar geschieht das Spiel mit dem Namen bei Odysseus nicht aus spirituellen Gründen, sondern aus List, die wiederum aus dem Überlebenswillen resultiert. Dennoch lassen sich aus der Fähigkeit, sich von seiner Identität zu distanzieren, einige wichtige Aspekte für unser Selbstwerdung ableiten, von denen Homer offenbar eine Ahnung hatte.

Der Eigenname steht für unser Ich und für alles, mit dem sich dieses Ich identifiziert. Um das subjektive Gefühl, ein eigenes Ich zu sein, aufzubauen, bedarf es der Identifizierung, mit der sich das Ich vergewissert, dass es das Ich selbst ist, das bestimmte Gedanken denkt, Gefühle empfindet, Handlungen ausführt und den Körper besitzt, den man als seinen eigenen bezeichnet. Indem ich mich identifiziere, bin ich selbst Zentrum meines Erlebens. Dies geschieht durch das kleingeschriebene „ich", wodurch der Sprecher sich als er selbst zeigt. Wenn ich sage, „ich heiße", „ich komme aus" „ich habe Schmerzen" „ich kann" „ich leide" usw. identifiziere ich mich mit diesen Eigenschaften und Zuständen. Sie werden zu einem Teil von mir. Auf diese Weise erschaffe ich Konzepte von mir selbst, Identitätsentwürfe, die mir sagen wer ich bin, wenn ich mich mit diesen Konzepten identifiziere. So gesehen ist das Ich ein sich ständig organisierender Prozess in unserem Gehirn, der uns die Gewissheit gibt, eine zeitlich und räumlich abgrenzbare Identität zu haben. Diese mentalen Muster und Konzepte verdichten sich zu Modellen vom eigenen Ich und festigen sich zu einem in der Regel recht stabilen Selbstkonzept.

Einer der größten Blockaden für unsere spirituelle Entwicklung ist die Identifikation unseres Selbst mit unserm Ich. Unser Ich, welches sich in der ersten und zweiten Individuation, also in der ersten Lebenshälfte heranbildet, lebt einerseits von Abgrenzung und Unterscheidung und trennt sich selbst von der Umwelt ab. Es legt sich verschiedene Identitäten zu, um sich unterscheidbar und damit für sich selbst begreifbar zu machen. Andererseits identifiziert sich das Ich mit äußeren Zuschreibungen, die das Ich dann nicht als etwas Äußeres wahrnehmen kann, sondern als Teil von sich selbst. So notwendig es ist, sich mit Namen, Herkunft, Beruf, Partnern, Kindern usw. zu identifizieren und sich damit anderen vorzustellen, so sehr ist diese Identifizierung mit äußeren Rollen hinderlich für uns wirkliches Selbst. Denn dies existiert ohne diese Zutaten. Wir werden unseres Selbst erst gewahr, wenn wir diese Identifikationen als letztendliche Illusionen erkennen, mit denen wir unser Selbst umgeben. Und diese Illusionen bestehen vor allem in der Anhaftung an vergangene Szenen, Bilder, Körperwahrnehmungen usw. wie z. B. Schmerzen, Zuständen, Rollen, Namen und Begriffen. Unser Ich ist es allzu sehr gewöhnt, sich mit Inhalten und Gedanken zu identifizieren, sodass das Aufgeben dieser Inhalte als Ich-Verlust erlebt und heftig bekämpft wird. Der Grund dieses Kampfes ist die Angst, dass wir mit dem Loslassen und

Distanzieren von Gedanken, Erinnerungen und Bildern uns selbst verlieren, obwohl das Gegenteil der Fall ist.

Alle Namen und Begriffe stabilisierten zwar zunächst unser Ich, blockieren aber gleichzeitig das „Durchtönen" unseres zeitlosen, ewigen Selbst. Je mehr wir durch Selbstbeobachtung diese Identifikationen unseres Ich erkennen, desto sichtbarer wird das gegenwärtige Selbst. Die Frucht der Selbstbeobachtung beschreibt der indische Mystiker Sri Ramana Maharshi in seinen Versen über das Selbst (1996) so:

> *„Doch forscht man wer es ist, der sich gebunden fühlt,*
> *bleibt nur das Selbst,*
> *das ewig gegenwärtige und freie" (V. 39).*

Durch selbsterforschendes Fragen wird der Illusionscharakter von unbewussten Identifizierungen deutlich und es sprudelt die Quelle des Selbst, die vorher verschüttet war, obwohl sie immer da war. Die Frage nach dem „wer", die Ramana Maharshi stellt, bezweifelt den vermeintlichen Realitätsgehalt der Namen und Begriffe und lässt ihn als Illusion erscheinen. In der Regel benutzen wir Substantive für Vorgänge und sinnen ihnen durch diese Substantivierung eine vermeintliche objektive Realität an. Wenn wir sagen „ich habe Kopfschmerzen" erzeugen wir die Illusion, als gäbe es den Kopfschmerz wie es ein Ding in der äußeren Welt der Objekte gibt. Es gibt aber nur bestimmte Prozesse, die wir wahrnehmen und mit einem Namen belegen. Wenn wir andere Namen hätten, würde eine andere Realität entstehen. Insofern stimmt es, wenn gesagt wird, der Indianer kenne keinen Schmerz. Es stimmt, weil er den Namen und den Begriff Schmerz als mentale Kategorie auf Grund seiner Kultur nicht zur Verfügung hat. Er erlebt höchstens intensive Körper- und Gefühlszustände (Vgl. Funke 2011).

91

Der Weg der Distanzierung vom Ich, welches von Odysseus als „Oudeis", Niemand, Nicht-Einer bezeichnet wird, zeigt auch, dass es auf dem spirituellen Weg nicht um positive Inhalte, wie das Selbst, das Sein, Gott, die Transzendenz oder sonst etwas geht. Der spirituelle Weg ist radikal negativ, worauf die erfahrenen Meister immer wieder hingewiesen haben. Negativ heißt, man kann nur die Hindernisse aus dem Weg räumen, die dem spirituellen Selbst entgegenstehen, nicht aber das Selbst als Inhalt oder Idee erreichen. Das Selbst ist Leere und in dieser Leere realisiert es sich. Davon hat Odysseus eine Ahnung, wenn er sich von seinem Namen distanziert und sich als Oudeis kenntlich macht. Hinter der vordergründigen List verbirgt sich eine mystische Ahnung vom Illusionscharakter seines Namens und damit seiner äußeren Identität.

Die Nymphe Kirke: Ein Lehrstück für Paarbeziehung

Ausgestattet mit dieser Ahnung seines wahren Selbst führt die weitere Reise Odysseus auf die Insel des Aiolos, dem Gott der Winde. Er und seine Gefährten wurden freundlich vom Gotte empfangen und einen Monat lang bewirtet. Als nun die Stunde der Abreise gekommen war, schenkte Aiolos Odysseus einen Schlauch aus Rindsleder, in dem er alle Winde eingeschlossen hatte. Nur einen sanften Wind ließ er frei, der sie wohlbehalten nach Ithaka zurückbringen sollte.

So segelten sie neun Tage und erblickten schon die Wachfeuer Ithakas. Das Ende ihrer Irrfahrten schien greifbar nah. Nach den tagelangen Anstrengungen, dass

Vaterland so schnell wie möglich zu erreichen, war Odysseus sehr müde und legte sich daher zum Schlafen nieder. Seine Gefährten jedoch hatten sich während der ganzen Fahrt Gedanken darüber gemacht, was ihm Aiolos als Gastgeschenk überreicht hatte. Sie glaubten an einem verborgenen Schatz, der ihnen vorenthalten wurde, und so öffneten sie heimlich den Schlauch.

Da brachen alle Winde hervor und ein fürchterlicher Sturm trieb sie auf das offene Meer hinaus. Und ehe sie sich versahen, landeten sie wieder bei der Insel des Aiolos. Odysseus eilte zur Burg des Gottes und bat erneut um Hilfe. Dieser war erstaunt ihn zu sehen. Als er ihm von seinem Schicksal berichtete, fuhr ihn der Gott jedoch zornig an:

> *"Pack dich, weil du als ein den Göttern Verhasster hierher kommst!" (10,75)*

Mit diesen Worten vertrieb er ihn aus seiner Burg. Von Mutlosigkeit erfüllt setzten sie ihre Reise fort und erreichten die Küste der Laistrygonen. Diese jedoch waren Riesen und Menschenfresser, die sogleich über die Griechen herfielen. Mit riesigen Steinen versenkten sie die Schiffe der Flotte. Nur das Schiff von Odysseus blieb verschont. Eilig sammelte er die Überlebenden ein und verließ sofort den verhängnisvollen Hafen.

Die Reisetruppe verschlägt es nun in abgelegenes Gebiet, auf die Insel Aia, identisch mit der Insel Kolchis im Schwarzen Meer, das äußerste Ende der östlichen Welt. Hier beginnt die Sonne ihren Lauf, hier verschwindet sie nachts. Kirke, die die Insel bewohnt, ist verwandt mit Hades, dem Gott der Unterwelt und mit Helios, dem Sonnengott. Sie hat Teil an beidem Welten: der dunklen

Unterwelt, dem Unbewussten, und der lichten Oberwelt, dem hellen Bewusstsein. In diesen Grenzbereich treten Odysseus und seine Gefährten ein. Es ist schwer für sie, hier Orientierung zu finden, wo alles undifferenziert erscheint: Sonnenaufgang und Untergang sind eins, Unterwelt und Oberwelt sind nicht klar getrennt: Auch Odysseus erlebt diese Welt als chaotisch:

> *„Freunde, wir wissen ja nicht, wo das Dunkel ist, wo der Morgen,*
> *Noch wo die Sonne, die Sterblichen leuchtende, unter der Erde;*
> *Noch wo sie aufgeht; lasst uns also aufs schnellste bedenken*
> *Ob noch ein Ausweg ist; doch glaube ich selbst, es ist keiner"* (10, 189-193).

Angst und Ausweglosigkeit angesichts einer Welt, in der die gewohnten Gegensätze wie hell und dunkel, der Aufgang der Sonne und ihr Untergang miteinander verbunden sind, lassen sie erst einmal am Strand verbleiben, an der Grenze von Wasser und Erde. Sie versinken in tiefen Schlaf. Am dritten Tag beginnen sie, die Insel zu erkunden und teilen sich in zwei Gruppen auf. Odysseus bleibt mit einem Teil am Strand, der andere Trupp nähert sich dem Inneren der Insel und trifft auf den Bezirk der Kirke. Sie lebt nicht in einer Höhle, sondern in einem gemauerten Haus, hat also im Gegensatz zum Höhlenbewohner Polyphem schon eine höhere Kulturstufe erreicht. Sie ist umringt von wilden Tieren und thront in der Mitte als Herrin über das Tierreich. Aus dem Haus vernehmen die Männer anmutige Melodien, die Kirke, den unsterblichen Teppich webend, von sich gibt. Die Hausherrin öffnet den Männern ihr Haus und versorgt sie mit gesüßtem Wein und betörenden Säften, deren Wirkung im Vergessen besteht, ähnlich wie die Früchte der Lotophagen. Aber die süße Versuchung bewirkt mehr als nur das Vergessen: Kirke berührt sie mit der Gerte und schon finden sich die Männer in Schweine verwandelt vor. Sie erleben dies auch, denn sie behalten das Bewusstsein von Menschen, sie wissen also, dass sie Schweine sind.

Als Odysseus davon erfährt, ergreift er seine Waffe und nähert sich allein dem Haus der Kirke. Vielleicht geht er deshalb alleine, weil er um den Sog der Masse weiß, der die Horde seiner Gefährten nicht davor bewahrte, der Versuchung nachzugeben. Auf dem Weg trifft er auf Hermes, den Götterboten, der ihm von einer Pflanze berichtet, die er dem Zauber der Kirke entgegenhalten kann. Die Pflanze heißt Moly und wird als schwarz an der Wurzel und weiß in der Blüte beschrieben. Auch solle er sein Schwert mitnehmen, so der weitere Rat des Hermes. So ausgestattet begibt sich Odysseus zum Haus der Kirke und lässt sich von ihr versprechen, ihn nicht mit ihrer Verwandlungskunst zu verzaubern. Dann lässt er sich auf sie ein, sie teilen das Lager und die Dienerinnen der Kirke verwöhnen seinen Körper. Bevor er sich jedoch von ihr Speise und Trank geben lässt, fordert er sie auf, zuvor seine Gefährten zurück zu verwandeln. Nachdem dies geschehen ist, sind sie alle bis zum Ende des Jahres Gäste der Kirke und lassen sich von ihr verwöhnen. Nach einer glücklichen Zeit auf Kirkes Insel stellt sie eine Bedingung, an deren Erfüllung die endgültige Abreise des Odysseus geknüpft ist: Er soll in den Hades hinabsteigen. Auch darin erweist sich Kirke als weise Frau, weil sie ihm Anweisungen gibt, wie er die Begegnung mit diesem anderen Bereich des Lebens, der Angst machenden Unterwelt, zu bewerkstelligen hat.

Wenn wir diese Geschichte mit der beziehungs-
analytischen Brille anschauen, dann erweist sie sich als ein
Lehrstück in Paarbeziehung, erzählt sie doch in
symbolischer Gestalt, wie eine Begegnung zwischen
Mann und Frau gelingen kann, denn schließlich lassen
sich beide nach durchgestandenen Ängsten aufeinander
ein und teilen das Lager. Das kann man von den
Gefährten, die ihr zuerst begegnen, noch nicht sagen. Die
Männer sind der Begegnung mit dem Verführerisch-
Weiblichen erlegen und regredieren auf den tierischen Teil
in ihnen. Sie werden zu Schweinen. Sie spüren weder ihre
Angst, die sie hätte vorsichtiger sein lassen, noch verfügen
sie über die Fähigkeiten, die Odysseus erlernen wird durch
den Rat des Hermes. Weil die Männer so wenig bei sich
selbst sind, ihre Angst nicht spüren und sich naiv
einlassen, werden sie in Schweine verwandelt. Aber nicht,
weil Männer Schweine sind, sondern weil beiden, Frauen
und Männern, etwas fehlt, was ihre Beziehung gelingen
lassen kann, nämlich sich selbst mit ihrer Angst und ihrem
Begehren zu spüren und dadurch seelische Intimität und
emotionale Nähe herzustellen, ohne sich im anderen zu
verlieren. Zunächst aber bekommen wir von Homer eine
verunglückte Beziehungsszene vorgeführt, die den
Kontrasthintergrund bildet, auf dem die zweite Form der
Beziehungsgestaltung entfaltet wird.

Nähern wir uns der hier dargestellten Beziehungsdynamik
zunächst von der Seite des Mannes: Drei Dinge braucht
der Mann, die der Götterbote Hermes ihm zur Verfügung
stellt und die Odysseus eine gelungene Beziehungs-
aufnahme ermöglichen: die Heilpflanze Moly, das
Schwert und das verbindliche Wort. Was ist die
beziehungspsychologische Bedeutung dieser drei Dinge?

Da ist zunächst die Pflanze Moly, von der Hermes Odysseus erzählt. Sie ist oben hell und unten dunkel, sie steht also für Polarität und damit für das Verbindende der Gegensätze, sie integriert schwarz und weiß, Dunkel und Licht, Nähe und Distanz, Liebe und Hass, Unbewusstes und Bewusstes. Die Fähigkeit, in Polaritäten zu denken und zu empfinden überwindet die gespaltene Gegensätzlichkeit eines Entweder-oder. Moly steht dafür, dies in ein Sowohl-als-auch zu verwandeln. In Paarbeziehungen wird diese polare Ganzheit oft gespalten: Ein Partner will dann Nähe und Kontakt, der andere Distanz und Abstand. Wenn beide erkennen, dass in jedem beide Wünsche, also Nähe- und Distanz-bedürfnisse vorhanden sind, haben sie die Einseitigkeit bereits überwunden. Dann ist der eine nicht nur für den Abstand und der andere nicht mehr nur für die Nähe zuständig, sondern mal der eine und mal der andere, je nach Situation und Bedürfnis. Beide bleiben dann ganz in dem Sinne, dass jeder beide Teil in sich wahrnehmen und leben kann. Diese Fähigkeit, ganz zu bleiben und den zunächst an den anderen delegierten Wunsch als einen eigenen, wenn auch unbewussten Selbstanteil zu sehen, verdankt Odysseus seinem Therapeuten, der ihm in Gestalt des Hermes begegnet und ihm hilft, diese Fähigkeit zu entwickeln. So kann Odysseus in der Kirke nicht nur die „halbierte" Frau sehen, die nur verführt und begehrt, sondern er kann dieses Verlangen auch in sich wahrnehmen und deshalb die Kirke ganzer und vollständiger zu sehen, was es ihm ermöglicht, sich auf sie einzulassen. Sich und den anderen polar und nicht gespalten zu sehen, bewahrt in Paarbeziehungen vor einseitigen Zuschreibungen: „Meine Frau zieht sich immer zurück, wenn ich mich ihr nähere", „Mein Mann hat immer nur das eine im Sinn" usw. Damit hat Odysseus genau die Spaltung des Frauenbildes überwunden, die wir in der Begegnung mit Polyphem beschrieben haben.

Neben der schwarz-weißen Pflanze Moly ist es das Schwert, das Hermes dem Odysseus in die Begegnung mit Kirke mitzunehmen empfiehlt. Sein Schwert zu benutzen, ist Ermutigung, damit klare Grenzen zu ziehen zwischen sich und der Kirke. „Schwert" steht hier nicht für Gewalt, sondern für Grenzziehung zwischen sich und dem Gegenüber. Odysseus lernt hier etwas, was ihn auch in der späteren Begegnung mit Kalypso zur Verfügung stehen wird: nämlich, die Fähigkeit, die eigene Position in Begegnung mit der Frau aufrechtzuerhalten und sich von ihr zu unterscheiden. Das Schwert steht für Grenz- und Differenzbewusstsein gegen den Sog der Aufhebung aller Grenzen, gegen das Zurück in die undifferenzierte Fusion. Man könnte sagen, Odysseus soll nicht dem Sog in die Einheitswirklichkeit, in der die Unterschiede zwischen Mann und Frau eingeebnet werden, erliegen. Das Schwert steht für die Fähigkeit, die eigene Position in der Begegnung mit dem anderen aufrecht zu erhalten. In Paartherapien geht es oft darum, diese innere Grenze wieder zu finden. Wenn sie verloren gegangen ist, gibt es Verschmelzung und Verwicklung. Die Partner projizieren ihre Sicht aufeinander, ohne zu merken, dass es ihre eigenen Gefühle und Gedanken sind, von denen sie glauben, es wären die des anderen. „Ich weiß schon, was meine Frau jetzt denkt..." ist ein Satz, der fast nie stimmt. Wenn es Paaren gelingt, sich aus Verwicklungen wieder zu ent-wickeln, ist dieser Prozess ein Wiederfinden des eigenen Ichs, eine Voraussetzung, um das Ich des anderen in seiner Andersartigkeit wahrzunehmen und darauf neugierig zu sein. Nur zwischen zwei innerlich getrennten Menschen kann Beziehung entstehen, denn Beziehung setzt die Grenze zwischen den Personen voraus.

Entgrenzung kann zwar manchmal auch förderlich sein für die Beziehung, wenn sie vorübergehend ist und der Zustand der inneren Getrenntheit wieder hergestellt wird. Für diese Grenze und die Arbeit, sie in sich zu finden, steht das Schwert, mit dem sich Odysseus der Kirke nähert.

Das Dritte, was Beziehung zwischen Odysseus und der Frau ermöglicht, ist der Schwur. Diesen braucht Odysseus, denn das Begehren der Kirke, mit ihm das Lager zu teilen ist mächtig wie die Angst des Helden,

> *„dass du mir, bin ich entblößt, die Manneskraft nimmst und mich schwach machst" (10,340).*

Er nimmt seine Angst ernst, benutzt sie als Ratgeber und lässt sich von Kirke durch einen Schwur garantieren, dass sie sich kein anderes Übel für ihn ausdenkt. Indem Odysseus seine Angst wahr- und ernstnimmt, entsteht so etwas wie eine seelische Verbundenheit zwischen ihnen. In der Bitte um den Schwur teilt er Kirke seine Angst mit, er macht sich transparent und gibt ihr die Chance, sich ebenfalls zu zeigen. Vielleicht hat sie ja auch solche Ängste in sich, denn schließlich sind Menschen da am verwundbarsten, wo sie sich sexuell einander hingeben. Der Schwur wird mit Worten gegeben, er deutet also darauf hin, dass sie miteinander sprechen, sich durchsichtig machen eine ganz besondere Art von Nähe herstellt, die die Grenze zwischen ihnen als getrennte Individuen nicht einreißen lässt und sie gerade deshalb verbindet. Denn da, wo wir uns mit Worten verständigen, zeigen wir, dass präsent sind, ein Ich haben und auf dieses Ich hören, statt nur beim Anderen zu sein. Worte sind eine andere Art von Schwert, denn wenn wir sprechen, geben wir uns als eine vom anderen unterschiedene Person zu erkennen. Das schafft Vertrauen, sodass Odysseus dem Schwur, also den Worten der Kirke traut. Paradoxerweise erzeugt die innere Getrenntheit, die durch Schwert und Schwur symbolisiert wird, Vertrauen, Gegenseitigkeit, seelische und sexuelle Intimität.

In der Paargeschichte Odysseus-Kirke wird der Wunsch nach sexueller Vereinigung einseitig der Kirke zugeschrieben. Sie wird als die Verführerin dargestellt. Einer ist Täter, der andere Opfer. Die Beziehung ist bereits gespalten. Aber meistens geht der Wunsch nie nur von einem Partner aus. Der Wunsch der Kirke ist auch ein Teil des Begehrens des Odysseus. In unserem Text ist er nur delegiert an Kirke. In Paarbeziehungen bildet sich dieses gespaltene Muster oft ab: Einer steht dann für den Wunsch nach sexueller Nähe, der andere lebt die Verweigerung. Und dann bleibt es bei diesem Muster, das sich vorzüglich eignet, den alltäglichen Machtkampf fortzuführen und die Beziehung als Duell zu inszenieren. Wenn es beiden Partnern gelingt, den jeweils an den Anderen delegierten und in sich selbst abgewehrten Wunsch als eigenen Selbstanteil zu erkennen, können beide ganzer werden, weil beide in sich registrieren, dass sie beide Wünsche in sich haben: den nach sexueller Nähe und Distanz, nach Intimität und Getrenntheit. Dieser Prozess der Bewusstwerdung der an den Partner delegierten Bedürfnisse und Ängste wird zwar in der Begegnung von Odysseus und Kirke nicht ausdrücklich thematisiert, er scheint sich aber in ihnen abgespielt zu haben, weil wir die Frucht dieser Bewusstwerdung erleben: Beide können ohne Angst zusammen sein und sich auch beide wieder loslassen, sodass Odysseus seine Reise am Ende des Jahres weiter forstsetzen kann. Auch muss er die Frau nicht entwerten, um von ihr loszukommen. Er kann das nehmen, was sie ihm voraushat, nämlich das Wissen um

100

die unbewussten Aspekte seiner Person. Das zeigt sich daran, dass er ihren weisheitlichen Rat, sich der Unterwelt zuzuwenden, annehmen kann.

Versteht man Kirke als Symbolisierung eines Selbstanteils des Odysseus, dann steht sie für den weiblichen Teil in der männlichen Seele. Während diese einseitig auf Verstand, Denken, Handeln ausgerichtet ist, entwickelt sich jetzt der Gegenpol des Weiblichen, und zwar in seinen mütterlich-nährenden Aspekten und in seinen verführerisch-sexuellen Anteilen: Kirke webt und nährt, aber sie verführt auch und begehrt. Sie ist eine „ganze" Frau. Odysseus lernt in unserer Geschichte, beiden Aspekten des Weiblichen ohne Angst zu begegnen. In der Vereinigung mit ihr, der weisen Frau, die sich in der Ober- und der Unterwelt auskennt, entsteht in Odysseus eine Ahnung, dass er sich dieser Unterwelt, dem Unbewussten, den vergangenen Ereignissen und Personen seiner Lebensgeschichte zuwenden muss, wenn er weiter kommen will auf dem Weg seiner Individuation.

In der Unterwelt des Hades: Begegnung mit der toten Mutter

Kirke weist Odysseus ein, wie er sich in der Unterwelt zu verhalten habe und welche Sühneopfer den Toten darzubringen sind. Es braucht diese vorbereitenden Rituale, um für die Begegnung mit der unteren Welt gewappnet zu sein. Die Unterwelt steht für die unbewusste Psyche, die keine Vergangenheit kennt und in der deshalb die Ereignisse und Personen der früheren Lebensphasen, vor allem der Kindheit und Jugend, als gegenwärtig aufgehoben sind. Vor allem die belastenden Erlebnisse werden zwar aus unserem Bewusstsein verdrängt, können

101

aber dadurch nicht einfach ungeschehen gemacht werden, sondern bleiben für unser seelisches Leben wirksam, ohne dass wir es merken. Die Aufhebung der Verdrängung geschieht z. B. in einer psychoanalytischen Therapie und bedarf der kundigen Begleitung durch jemanden, der weiß, wie mächtig die verdrängten Erfahrungen sind und wie sehr sich der Einzelne fürchtet, sich mit ihnen zu konfrontieren. Deshalb empfiehlt Kirke Odysseus die Opferrituale, um nicht unvorbereitet auf die dunklen Mächte dieser anderen Welt zu treffen.

Im Hades begegnet der Nachtmeerfahrer zunächst seiner toten Mutter, dann aber auch den toten Gefährten und allen wichtigen Menschen, denen er auf seinem Lebensweg begegnet ist. Im Unbewussten sind die Repräsentanzen all dieser Figuren aufgehoben. Einen wichtigen Teil bildet die Begegnung mit dem blinden Seher Teiresias, der ihm ebenfalls Anweisungen für den weiteren Weg gibt. Teiresias ist so etwas wie ein Therapeut, der sich mit der Macht des Unbewussten auskennt. Dieser weise Teiresias taucht aus dem Bereich der Unterweltgöttin Persephone auf, die ja einen Teil des Jahres in der Oberwelt und den anderen Teil in der Unterwelt als Gattin des Hades verbringt. Sie kennt beide Welten, von ihr hat Teiresias die Kunst erworben, sich in beiden Bereichen, dem Unbewussten und dem Bewusstsein aufzuhalten und beide Welten zu vereinen. Damit Teiresias zu Odysseus sprechen kann, muss sein Mund durch das Blut von Opfertieren geöffnet werden. Als dies geschehen ist, nennt er Odysseus die Bedingungen, unter denen er das Ziel seiner Reise erreichen wird. Eine Anweisung enthält das Verbot, sich von den Rindern des Helios, auf die sie treffen werden, zu ernähren. Nur er werde dem Untergang entkommen und allein heimkehren. Dort, zu Hause, fände er Chaos und

Gewalt vor. Selbst wenn er dies in Ordnung gebracht hätte, werde er keine Ruhe finden, sondern erneut aufbrechen müssen, bis ihn ein sanfter Tod im hohen Alter aufnehme.

Der weise Alte konfrontiert ihn also mit zwei Wahrheiten, die sich aus der Begegnung mit dem Unbewussten ergeben: Dass es nämlich kein Ankommen im Sinne eines friedlichen und harmonischen Lebens in seiner Familie gebe, sondern nur Unterwegs sein. Und dass zur inneren Einwilligung in diese Tatsache die Annahme des Todes gehöre.

Auch hier können wir diese Wahrheiten in ihren psychologischen und ihren spirituellen Aspekten lesen. Zu letzteren gehört das Bewusstsein, dass es nichts Festes, Unveränderliches gibt, sondern nur Wandlung und Veränderung. Dahin zu finden bedeutet, die Illusion zu durchschauen, die wir selber (oder unser Gehirn) erzeugen, wenn wir glauben, es gäbe Dinge und Sachverhalte, die Unveränderlich seien. Diese Einsicht hat durchaus eine praktische Bedeutung, denn sie legt uns nicht fest. Deshalb ist es m. E. einer der heilsamsten Sätze, die man sich jederzeit sagen kann, dieser: „So wie es jetzt ist, bleibt es nicht". Vor allem in Zeiten von Trauer, Enttäuschung, Kränkung, in Zeiten von seelischen oder körperlichem Leiden hilft dieser Satz, Hoffnung zu haben: Jetzt ist es so, jetzt leide ich, aber es wird nicht so bleiben, weil nur Wandlung das einzig Konstante ist. Diese Erkenntnis lehrt Teiresias dem Odysseus, wenn er ihm kein Ankommen in Aussicht stellt, sondern nur das ewige Unterwegs-Sein.

Verfolgen wir jetzt den psychologischen Aspekt des Abstiegs in den Hades. Dieser steht ja auch für den Tod oder besser für eine Existenzform nach dem biologischen Tod. Homer koppelt die Begegnung mit dem Tod an das Auftauchen des Bildes der toten Mutter. Im Unbewussten gehören Tod und Mutter zusammen. Das Grab im Schoß der Erde wird immer wieder mit dem Leib der Mutter gleichgesetzt. Der Todeswunsch enthält die Verheißung eines Lebens in Ruhe und Frieden, wie es für das Ungeborene im Leib der Mutter bestanden hat. In der tiefsten Regression taucht immer wieder das Bild der Mutter auf. Sich ihr auszuliefern bedeutet zu sterben, weil es die Auslöschung des Ichs bedeutet. Diese Gefahr kann nur gebannt werden, wenn es zur Auseinandersetzung mit der toten Mutter kommt.

Was dies auf der psychologischen Ebene bedeutet, zeigt die Begegnung des Helden mit der Mutter. Als er sie sieht, will er sie ergreifen, von „inniger Sehnsucht" getrieben sie umarmen. Aber sie entschwebt wie ein Schatten dreimal seinen umschlingenden Armen. Die tote Mutter aber lehrt ihn, dass sie nicht mehr mit Händen zu greifen ist, dass der Tod sie verwandelt hat und dass sie ihm diese Verwandlung begreiflich machen will. Odysseus erkennt in der toten Mutter seine eigene Projektion, sein inneres Bild von der Mutter, welches seine Sehnsucht hervorruft und das er umarmen will. Die wirkliche Mutter, ob tot oder lebendig, ist eine andere. Das Gewahrwerden dieser Differenz zwischen der realen Mutter und dem inneren Mutterbild ist die Frucht der Wandlung. Damit ist die Gefahr der tödlichen Regression gebannt. Der Held kann unterscheiden zwischen seinem Wunsch und der Realität.

Die Auseinandersetzung mit den Eltern gehört zu unserem Reifungsprozess. Dazu gehört es, zu erkennen, dass unser Bild von den Eltern von Wünschen, Versagungen, Kränkungen und Befriedigungen durchwebt ist und mit den tatsächlichen Eltern oft nicht viel zu tun hat. Die Eltern, gerade wenn sie älter geworden sind und dem Tod nahe stehen, nicht mit dem eigenen Bild von ihnen zu verwechseln, ist ein Schritt der Befreiung für beide. Das gelingt in der Regel aber nur, wenn sich jemand mit den Kränkungen und Verletzungen auseinander gesetzt hat, die die Eltern ihm bereitet haben. Das Wahrnehmen und Anschauen dessen, was die Eltern einem ohne böse Absicht zugemutet haben, ist ein entscheidender Schritt der dritten Individuationsphase. Sie haben es in der Regel so gut gemacht wie sie konnten und sind doch ihrem Kind etwas schuldig geblieben. Das ist die jeder Erziehung innewohnende Tragik.

Odysseus muss das Bild der Mutter anschauen, also hinschauen und sich mit den Spuren der Mutter im eigenen Innenleben auseinander setzen. Nur so kann die unbewusste Bindung an sie aufgehoben werden. Im therapeutischen Prozess beginnt diese Auseinander-setzung oft damit, erst einmal Wut und Ärger erleben zu können über das, was einem die Eltern zugefügt haben, nicht aus Böswilligkeit oder weil sie ihrem Kind schaden wollten, sondern weil sie so waren wie sie waren. Diese Wut zu erleben ist oft schwer, da die Angst, mit der eigenen Wut auch den guten, nährenden Teil der Eltern zu zerstören, groß ist. Das Erkennen, dass die gegen die Eltern gerichtete Aggression nicht die ganzen, schon gar nicht die realen Eltern zerstört, ermöglicht befreiende Schritte der Verwandlung.

Es gibt aber noch eine andere Hemmung, die verhindert, auf die Eltern wütend zu sein: ein tiefes Schuldgefühl ihnen gegenüber, weil sie doch auch so geprägt worden sind durch deren Erziehung und es einfach nicht besser wussten und konnten. So richtig diese entschuldigenden

Gedanken sind, so verhindern sie doch, die Eltern endlich einmal schuldig sprechen zu können. Es dauert oft lange, bis jemand diesem Bedürfnis Raum gibt und dabei erkennt, dass es gar nicht so sehr um die Eltern geht, sondern um einen selbst. Mit sich selbst und dem Kind, das man einmal war, Mitleid zu empfinden und ihm endlich zu seinem Recht zu verhelfen, ermöglicht die Aufhebung der Blockade im Hinblick auf die Bindung an die Eltern. Denn die stille Hoffnung, dass die Eltern es doch irgendwann einmal einsehen werden, was sie gemacht haben, erzeugt eine Bindung an sie, die die eigene Entwicklung blockiert. Wenn schon die Eltern kein Einsehen haben und das Erleben des Kindes anerkennen können, so bleibt nur der Weg, es sich selbst anzuerkennen. Dies gelingt oft nur mit Unterstützung durch andere, die wie ein Hilfs-Ich demjenigen zur Verfügung stehen, der wie Odysseus ins Antlitz der Mutter blickt. Odysseus weiß sich dabei unterstützt von der weisen Kirke und dem therapeutischen Begleiter Teiresias.

Die erlebte Wut auf die Eltern dient auch der Abgrenzung von ihnen. Vielleicht hat Odysseus davon auch etwas gespürt, also er hörte, dass seine Mutter vor Gram über seine ausbleibende Rückkehr aus Troja gestorben ist. Schließlich ist das eine schwere innere Last, eine solch große Bedeutung für die Mutter gehabt zu haben. Neben dem Gefühl, von ihr geliebt und ihr Ein-und-alles gewesen zu sein, mischte sich das Unbehagen, für sie vielleicht zu einer Art Lebensersatz geworden zu sein. Vielleicht tauchten Bilder in ihm auf, wie sie ihn für ihre eigenen Bedürfnisse benutzt hatte und wenig Rücksicht auf seine Position als Kind, auf seine Wünsche und Grenzen genommen zu haben.

Nach dem Aufenthalt im Totenreich kehrt Odysseus noch einmal zur Insel der Kirke zurück, legt sich zu ihr und lässt sich von ihr warnen vor den Sirenen und ihrem Gesang, vor den Schrecken von Skylla und Charybdis und vor der Versuchung, die Rinder des Helios zu schlachten.

Bei den Sirenen: Sinnlichkeit, Selbstbegrenzung und Gegenwärtigkeit

Was die Sirenen angeht, gibt Kirke ihm den Rat, sich und seinen Gefährten die Ohren mit Wachs zu verstopfen. Diese Mischwesen aus Vogel und Mensch verzaubern mit ihrem süßen Gesang Herz und Verstand der Seeleute, die ihre Insel ansteuern und ihnen verfallen. Ihr süßes Gift bewirkt ein Vergessen ihrer Frauen und Kinder, und was als Glück erscheint, führt in den Tod. Noch nie ist einer von ihnen zurückgekehrt:

> „Wer auch immer sich naht, unwissend, und hört der Sirenen
> Singenden Laut, dem treten nicht Frau und unmündige Kinder,
> Wenn er nach Hause kehret, zur Seite und freuen sich seiner,
> Sondern mit hellem Gesang bezaubern ihn die Sirenen,
> Sitzend auf einer Wiese; ringsum ein Haufen von Knochen
> Von vermodernden Männern...“(12, 39-46).

Deshalb prophezeit ihnen Kirke, falls er und seine Männer den Gesang der Sirenen hören würden, dass ihnen das gleiche Schicksal drohe, nämlich vermodernd zu liegen neben den so betörend Singenden. Wenn er selbst jedoch dem Gesang nicht ausweichen möchte, solle er sich am Mast des Schiffes festbinden lassen. So geschah es, und bald darauf hörte er die Sirenen singen, die ihn einluden, auf ihre Insel zu kommen und dort Antwort auf alle seine Fragen zu bekommen. Der Neugier nicht widerstehend befahl er seinen Gefährten, ihn loszubinden. Die jedoch banden ihn noch fester an den Mast und befreiten ihn erst, als der Gesang der Sirenen verstummt war.

In der Begegnung mit den Sirenen zeigt sich, wie das psychologische Ich, für das Odysseus steht, daran wächst, sich der Gefahr auszusetzen und sie nicht nur zu vermeiden. Vermeiden hätte bedeutet, sich nur die Ohren mit Wachs zu verstopfen: Nichts hören nach dem Motto: Ohren zu und durch! Odysseus setzt sich der Versuchung aus, getrieben von Neugier. Er ist eher bereit, das Leiden zu ertragen, dass sich aus dem Begehren und dem Versagen ergibt, als seine Neugier zu opfern. Diese wird noch dadurch angefacht, dass ihm die Sirenen Antwort auf alle seine Fragen in Aussicht stellen. Darin ähnelt diese Stelle der Versuchung im Paradies, als Adam das „sein wie Gott" in Aussicht gestellt wird, wenn er von der verbotenen Frucht vom Baum der Erkenntnis von Gut und Böse esse.

Die unwiderstehliche Neugier ist das Motiv, sich dem Leiden durch Selbstbindung auszusetzen. Darin begegnet uns in Odysseus ein Prototyp des modernen Subjekts, das sich gegen die Lust der Sinne stemmt und im Widerstand gegen die Sinnenfreude ein starkes Ich hervorbringt. Diesen „modernen Menschen", der im Widerstreit von Wunsch und Versagen, von Trieb und Verbot sein Ich entwickelt, hatte auch Freud im Sinn, als er die Psychoanalyse entwickelte, die diesen Konflikt zwischen

Wunsch und Verbot zum Ausgangspunkt seiner Erforschung von Individuum und Kultur machte.

Bei Odysseus besteht die Sinnesfreude im Lauschen auf den Gesang der Sirenen, sie erfolgt also auf dem Weg über die Ohren. Das Hören ist entwicklungspsychologisch eine der frühesten Sinneswahrnehmungen. Bereits Embryo und Fötus hören im Mutterlieb das Gesäusel der Darmbewegungen und den beruhigenden Herzschlag der Mutter. Dieses vorgeburtliche Hören geschieht nicht mit den Ohren, sondern ganzkörperlich, wobei der kleine Körper wie eine Membrane wirkt. Es vermittelt dem Ungebornen ein Gefühl von Aufgehobensein, von Sicherheit und Harmonie. Hier liegen auch die Wurzeln für das beglückende Erleben von Musik. Vielleicht galten die Gesänge der Sirenen deshalb also so gefährlich, weil sie die Sehnsucht nach einem Zurück in diesen Zustand angefacht haben.

Diesem Sog zurück in die paradiesische Einheits-wirklichkeit, die den Gesang der Sirenen so gefährlich macht, setzt Odysseus auf den Rat der Kirke nicht nur das Verstopfen der Ohren, sondern das Anbinden an Mast des Schiffes. Der Mast bildet gleichsam den Gegenpol zum Gesang der Sirenen, steht er doch für eine Macht und Kraft, die vor dem Zurück und vor dem Nachgeben schützt. Im Mast mag man deshalb ein Phallussymbol entdecken, und zwar weniger als sexuelles Symbol, sondern als Bild für die Abgrenzung und das Bei-sich-Sein, über das Männer und Frauen verfügen. Bei Odysseus ist es die phallische Macht seines Mannseins, an die er sich bindet, um dem Sog der Verführung der Sinne nicht zu erliegen. Wenn man nun beide, Sirenen und Odysseus, zusammen sieht, entsteht ein Bild der Ganzheit: der verführerische Gesang und das Widerstehen des Helden.

109

Wenn sich das Ich seiner phallischen Kraft sicher ist, vermag es frei zu entscheiden, wo es dem Begehren der Sinne nachgibt und wo nicht. Dieser Fähigkeit des Widerstehens vergewissert sich Odysseus in der Begegnung mit den Sirenen.

Neben dieser psychologischen Bedeutung wohnt der Szene aber auch eine spirituelle Relevanz inne. Der Gesang der Sirenen gehört zur Welt der Phänomene, der Sinne und somit der Täuschung, was ihren Wahrheitsgehalt angeht. Die Sinne zu überwinden ist der Weg, um zur nicht-dualen Wirklichkeit vorzudringen. Vielleicht hat sich Odysseus festbinden lassen, um geschützt zu sein, wenn er die Stille hinter dem Gesang wahrnimmt. Jedes Geräusch, jeder Klang und Ton bildet ja nur den Vordergrund, der von einer hintergründigen Stille unterlegt ist. Wer die Stille hinter den Geräuschen wahrnehmen kann, ist zur Gegenwärtigkeit des Jetzt vorgedrungen, zur nicht-dualen Welt, die wir hinter der dualen Welt der Formen und Phänomene antreffen.

Es gibt Töne, die wie eine Brücke in diesen anderen, formlos-leeren Bereich der Wirklichkeit hinüberführen. Sie sind dann weniger Geräusch, als vielmehr ein Ton der Stille, der ahnen lässt, was hinter dem Ton liegt. Vom Propheten Elias wird im Alten Testament berichtet, dass der im Säuseln des Windes Gott erkannte. Vielleicht war der Gesang der Sirenen so ein zartes Säuseln, das deshalb schwer zu ertragen war, weil es die Stille ahnen ließ. Diese Erfahrung ist ja deshalb so erschreckend und gefürchtet, weil sie unser Selbst hinter unserem raum-zeitlichen Ich aufleuchten lässt. Gegen diese befreiende Erfahrung stemmt sich unser Ich, weil es sich vor nichts so fürchtet wie vor dem Loslassen von Dingen, Gedanken, Gefühlen und Menschen. Geräusche dienen dann der Abwehr der

Erfahrung von Stille als Zustand aufgelöster Anhaftung. Wahlloser permanenter Musikkonsum bildet eine exzessive Form dieser Abwehr. Eine ständige Geräuschkulisse soll unser Ich vor der Angst vor der Gegenwärtigkeit des Augenblicks schützen. Das hat vielleicht auch Franz Kafka geahnt, als er die Begegnung mit den Sirenen als Erfahrung der Stille interpretiert hat, als er vom „Schweigen der Sirenen" sprach. Möglicherweise ist deren Schweigen schwerer zu ertragen als deren Gesäusel zu widerstehen.

Die klassische Deutung dieser Szene sieht im Widerstehen des Odysseus vor dem Gesang der Sirenen das neuzeitliche, psychologische Ich vorweggenommen, das sich im Konflikt zwischen Begehren und Verbot, zwischen Trieb und Überich bildet. Diese Sicht ist im Getrenntheitsdenken verankert, während die spirituelle Deutung hier das mystische, weisheitliche Selbst im Werden sieht, das sich im Konflikt befindet zwischen Ich und Selbst, zwischen Lärm und Stille, zwischen der Welt der Formen und Erscheinungen auf der einen und der Welt der Formlosigkeit und des Nicht-Dualen auf der anderen Seite. Der gefesselte Odysseus erscheint dann als der, der diesen Konflikt löst, indem er sich der Spannung aussetzt und so zur Gegenwärtigkeit des Seins vordringt. Gerade das leidvolle Aushalten der Spannung lässt etwas von dem Leiden erahnen, dass die Mystiker beschreiben, vor allem Johannes vom Kreuz, wenn sie von der dunklen Nacht der Sinne berichten, die auf dem Weg zur unio mystica, dem Erfahren der nicht-dualen Wirklichkeit, durchlaufen werden muss.

Zwischen Skylla und Charybdis
oder die Kunst des Scheiterns

Die Fahrt durch die Meerenge zwischen Skylla und Charybdis lässt nur die Wahl zwischen zwei Übeln: Charybdis haust auf der einen Seite der Meerenge und schlürft dreimal täglich das Meerwasser mit allem, was sich auf ihm befindet, auf der anderen Seite bewohnt die sechsköpfige Skylla eine Höhle im Felsen der Klippe und verschlingt Fische, Delphine und Seeleute.

> *„Schrecklich ist sie und lästig und wild und nicht zu bekämpfen;*
> *Abwehr gibt es da nicht, und Flucht vor ihr ist das Beste.*
> *Denn falls du beim Felsen verweiltest, zum Kampfe gerüstet,*
> *Fürchte ich, dass sie erneut mit ihren Köpfen hervorschielt*
> *Und, so viele sie hat, so viele Männer sie wegnimmt"* (12, 119-123).

Der Rat der Kirke, die Flucht zu ergreifen, führt nicht weiter, denn auf der anderen Seite lauert Charybdis. Um ihrem verschlingenden Sog zu entkommen, befielt Odysseus seinen Männern, auf die gegenüberliegende Seite zuzusteuern, ohne sie von der Existenz der Skylla in Kenntnis zu setzten. Obwohl er selbst seine Rüstung anlegt, bereit zum Kampf mit dem Ungeheuer, konnte er nichts gegen sie ausrichten. Im Handumdrehen verschlang sie sechs seiner Männer, ehe er sich versehen hatte.

> *„Dies war das Ärgste von allem, was je meine Augen gesehen"* (12, 258).

112

Hier erzählt Homer also von einem typischen Dilemma. Was immer jemand tut, es gibt keine glatte Lösung. So oder so, es gibt Verlust. In solchen dilemmatischen Situationen kann man keine richtige Entscheidung treffen. Man wird scheitern. Die Fähigkeit, solche Situationen zu ertragen, setzt ein gehöriges Maß an Spannungstoleranz und eine akzeptierende Einstellung voraus. Diese können sich nur entwickeln, wenn jemand über zwei innere Künste verfügt, nämlich der Kunst zu scheitern und die Kunst schuldig zu werden. Beides widerspricht auf den ersten Blick dem gewohnten Ideal guten und richtigen Lebens. Unser Alltagsbewusstsein sucht Beides zu vermeiden. Schuldig werden und scheitern entspricht nicht unserer Wertvorstellung. Homer will jedoch mit dieser Szene sagen, dass es sich nicht so verhält, wie unser gewohntes Denken uns vorgibt. Deshalb lässt er Odysseus schuldig werden und scheitern.

Die Kunst, schuldig zu werden

Zunächst das Schuldig-Werden, und das auch noch schuldlos, ohne eigenes Versagen oder böse Absicht. Wie schnell passiert es, ohne eigenes Zutun in eine Lage zu geraten, in der man schuldig werden muss, ob man es will oder nicht. Dabei handelt es sich nicht um eine moralische Schuld, sondern um eine existentielle. Sie hängt zusammen mit der Grundsituation des Menschen, wenn er das unschuldige Paradies seiner Kindheit verlassen hat.

Im Alltag gibt es viele Beispiele von dieser unvermeidbaren und oft tragischen Schuld. Die typische Situation ist ein Dilemma: Welche Lösung ich auch wähle, es bleibt eine Schuld in dem Sinne, dass ich einem anderen einen Mangel zufüge: Im Alltag ist man gezwungen, eine Aufgabe oder

113

Pflicht schuldhaft zu vernachlässigen, um eine andere zu erfüllen. Es kann sein, dass man einen Menschen allein lassen muss, um für ihn zu sorgen. Um die Existenz nicht zu gefährden, muss jemand seinem Beruf nachgehen und lässt sein Kind allein zu Hause. Es gibt in solchen Situationen nur die Wahl des kleineren Übels. Das Dilemma ereignet sich auch zwischen zwei Schuldarten, der existentiellen Schuld und der einzelnen Tatschuld. Es kann sich z. B. in dem Konflikt zeigen, der heißt: Was schulde ich mir? Und was bin ich anderen schuldig? Treue zu sich selbst und soziale Verpflichtung können in Konflikt geraten und eine Entscheidung notwendig machen, die immer schuldhaft ist, weil jede Entscheidung einen Mangel erzeugt. Besonders in der Partnerschaft ist dieses Dilemma ein ständiger Wegbegleiter: Entscheide ich mich für meine Freiheit und für mein Bedürfnis, eigene Wege zu gehen – was Ausdruck meiner „Schuld" sein kann, die ich mir selber gegenüber habe – oder folge ich dem Impuls, beim Partner zu bleiben und meinen Freiheitsraum damit gleichzeitig zu begrenzen?

Es gibt also eine unumgängliche Schuld, die sich nicht vermeiden lässt, wenn jemand den Weg ins eigene Leben geht. Diese Schuld entspricht dem „debitum", von der im Vaterunser die Rede ist, wenn es heißt: vergib uns unsere Schuld! Und diese Schuld ist kein moralisches Versagen, sondern sie gehört zu unserem Menschsein. Wer das Leben nicht vermeiden will, ist genötigt, schuldig zu werden. Von einer solchen Schuld spricht die biblische Geschichte von der Vertreibung aus dem Paradies (Gen 2, 4b-3). Wenn das erste Menschenpaar nicht schuldig geworden wäre und nicht vom verbotenen Baum gegessen hätte, säßen sie heute noch im Paradies. Übersetzt heißt das: sie wären nicht erwachsen geworden, sondern Kinder geblieben. Die Vertreibung aus diesem Garten als Folge der Schuld ist deshalb nicht nur eine tragische und sündhafte Verfehlung, die sich der Mensch besser nicht hätte zuschulden kommen lassen sollen, sondern im Gegenteil: Der Sündenfall ist die Voraussetzung des Menschseins. Wer aber in einem kindlichen Unschuldswahn gefangen bleibt, der verpasst das Menschsein. Ein solcher Mensch reagiert dann mit völliger Hilflosigkeit und Panik, wenn er in den Strudel von Skylla und Charybdis gerät, d. h. wenn er damit konfrontiert wird, dass er gar nicht so harmlos und unschuldig ist, wie es ihm sein eigenes Ideal von sich selbst vorgaukelt. Der Heilungsweg von diesem teuflischen Ideal führt dahin, sich als Menschen sehen zu lernen, der mit einem Mangel ausgestattet ist und zu dem das Scheitern gehört (Vgl. Funke 2000).

Die Kunst des Scheiterns

Scheitern heißt, genau diesen Mangel akzeptieren, heißt einzuwilligen in die Tatsache, dass es keinen Automatismus gibt, der unser Leben gelingen lässt. In der Odysseus-Skylla-Charybdis-Szene heißt scheitern, zu erleben, dass es keine richtige Lösung gibt. Das einzig Gewisse in solchen Situationen ist das Scheitern. Das zu akzeptieren ist deshalb so schwer, weil es mit dem Loslassen des eigenen Ideals zu tun hat. Wer glaubt, immer erfolgreich sein zu müssen, wird es schwer haben, damit fertig zu werden, wenn das Schicksal den Erfolg verweigert.

Die Kunst des Scheiterns zu lernen bedeutet auch, nicht in ewigen Ambivalenzen gefangen zu bleiben. Damit wird vermieden, sich entscheiden zu müssen, was bedeutet, die je andere Möglichkeit, die man auch hätte wählen können, aufzugeben. Wie oft sagen wir, ich kann mich nicht entscheiden, und bekommen dabei nicht mit, dass sich nicht entscheiden auch eine Entscheidung ist, und zwar eine

Entscheidung gegen die Kränkung, einseitig zu werden und eine andere Möglichkeit auszuschließen. Wir haben es also mit einem paradoxen Phänomen zu tun. Um von lebensbehindernden Ambivalenzen freizukommen, wäre zu lernen, sich als jemand zu sehen, der tragischerweise einseitig werden muss und deshalb scheitert, jedenfalls bezogen auf das Ideal, alle Möglichkeiten realisieren zu können. Wenn man so will, ist das Scheitern eine Verwirklichung unserer Freiheit.

Um diese Einseitigkeit nicht ertragen zu müssen, verraten wir unsere Freiheit und verharren lieber in der lähmenden Ambivalenz und nähren damit die Größenphantasie, dass wir beides könnten. Wäre Odysseus in dieser Ambivalenz geblieben, hätte er zwar die Gefahr der Passage vermieden, wäre aber dem Ziel seiner Lebensreise nicht näher gekommen. Dieses besteht ja darin, dass er über die Fähigkeit schuldig zu werden und zu scheitern, sein eigenes Ideal des unbezwingbaren Helden abschwächen und ein Stück mehr Mensch werden konnte. Als gescheiterter Held wird Odysseus zu einem Gegenmodell zu den heutigen Figuren der Öffentlichkeit in Politik, Wirtschaft und Medien, die sich stets auf der Höhe ihres Erfolgs bewegen und das Scheitern nicht kennen. So werden sie zu Trägern eines kollektiven Ideals. Menschen in hohen politischen, wirtschaftlichen oder medienerzeugten Machtpositionen haben durch ihre Macht eine Stellung gefunden, ihre eigene Schwäche, Hilflosigkeit und Ohnmacht zu vertuschen und sie ins Gegenteil zu verkehren. Die Öffentlichkeit glaubt dann, diese öffentlichen Figuren wären wirklich so stark und mächtig, wie sie sich darstellen. Deshalb identifiziert sich der Einzelne damit und gerät damit in den Strudel des

Perfektseins. Die Folgen sind Überforderung, Depression und Ausgebrannt-Sein.

Gesellschaftliche Ideale unterstützen diese Dynamik. Schneller, höher, weiter, besser sind solche Perfektionsideale, denen sich der Einzelne unterwirft, um seine Schwäche und Hilflosigkeit nicht spüren zu müssen. Wir haben uns mittlerweile an die Vorstellung gewöhnt, dass ohne Wachstum alles zusammenbricht. Nicht nur die Wirtschaft und das öffentliche Leben, auch die Kultur und das persönliche Leben sind von dieser Steigerungslogik betroffen, die uns die Moderne beschert hat. An der Wachstumsvorstellung wird die gesamte Lebensqualität gemessen und zwar nicht nur in technischer und wirtschaftlicher, sondern auch in persönlicher Hinsicht. Vor allem die Übertragung auf das eigene Leben zeitigt schädliche Folgen. Wenn immer alles wachsen muss, darf es keinen Stillstand geben, keine Ruhe, kein Verharren im Augenblick und schon gar kein Scheitern. Dadurch würde die Ideologie des Wachstums und des Erfolgs Lügen gestraft. So entstehen Ideale, die wie Anpeitscher wirken und den Gegenpol des Weniger, Langsamer, Schwächer, Kleiner usw. verkommen lassen. Wer sich aber diesen Idealen unterwirft, wird bald zusammenbrechen, wie das grassierende Burnout-Syndrom unübersehbar zeigt. Einige Tugenden, die für unseren Seelenhaushalt so heilsam sind, drohen zu verkümmern, z. B. nichts zu leisten, nicht weiterzukommen, Schwäche und Hilflosigkeit zu ertragen, Langweile zu tolerieren und an den eigenen Idealen scheitern zu können.

Die Geschichte von Skylla und Charybdis lehrt, dass wir das Leben retten, wenn wir die Kränkung und das Risiko in Kauf nehmen, etwas falsch zu machen bzw. nicht richtig zu entscheiden. Kränkend ist das insofern, als wir unserer

Größenphantasie, alles zu können, auf diese Weise eine empfindliche, wenn auch heilsame Grenze setzten. Auf diese Weise werden wir zu Menschen, das ist der Gewinn der Kunst des Scheiterns.

Die *spirituelle Bedeutung* der Skylla-Charybdis-Erfahrung ergibt sich aus dem bisher Gesagten und besteht in einer Haltung, die oft in spirituellen Bewegungen verleugnet wird, wenn nämlich fast ausschließlich von Harmonie, Liebe und Einssein gesprochen wird und weniger von Scheitern und Schuldig werden. Geleugnet wird dabei das, was Odysseus erfährt, nämlich der unausweichliche Konflikt, der sich durch nichts harmonisieren lässt. Spirituell wäre demgegenüber eine Haltung in Vorschlag zu bringen, die diese Unausweichlichkeit sieht und sich ihr stellt. Manchmal kann man etwas nur aushalten, einzig die Hoffnung, dass es sich verändern wird und nicht so bleibt, wie es ist, vermag Trost zu geben und Kraft, die Spannung zu tolerieren.

Die spirituelle Welt, die sich auf die nicht-duale Wirklichkeit bezieht und in der das Verbundheitsdenken vorherrscht, wird immer wieder überblendet von der Welt der Dualität, der Differenz und des Konflikts. Diese Überblendungen wahrzunehmen und sich nicht auf einen Modus zu reduzieren, entspricht wohl der weisheitlichen Vernunft, die der Philosoph Wolfgang Welsch (1995) als „transversal" – übergangsfähig bezeichnet hat. So ist das Bild von Skylla und Charybdis ein korrigierendes Bild gegenüber dem unendlichen Ozean, in dessen Horizont alles eins wird und alle Differenz verschwindet. Die Meerenge, die von den beiden Wächterinnen beherrscht wird, hält in Erinnerung, dass es Dualität gibt, Unausweichlichkeit und das Dilemma, was durchlebt werden muss und nicht aufgelöst werden kann.

118

Die Rinder des Helios: Übergeordnete Zusammenhänge anerkennen

Was geschieht, wenn man den eigenen Größenwahn nicht durch Scheitern gemildert und die Vorstellung, alles zu können durch weisheitliche Selbstbegrenzung aufgegeben hat, lehrt die folgende Episode. Odysseus und den Seinen war verboten worden, auf der nächsten Insel die Rinder des Helios zu schlachten. Seine Gefährten konnten wegen ihres großen Hungers dem Verbot nicht Folge leisten und gaben der Versuchung nach. Wegen des Frevels, den seine Gefährten trotz des Verbotes von Kirke und Teiresias begingen, als sie die Rinder des Helios schlachteten, rächte sich der Gott an ihnen nach ihrem Aufbruch von der Insel. Er ließ auf hoher See einen Sturm aufkommen, der den Mastbaum zerbrach. Das Schiff kenterte, alle Gefährten ertranken, nur Odysseus konnte sich als einziger retten.

Hier geht es nicht darum, einfach nur ein Tabu einzuhalten. Dieses Motiv taucht ja auch in der schon öfter erwähnten biblischen Geschichte vom Paradies auf in Gestalt des Verbotes, vom Baum der Erkenntnis von Gut und Böse zu essen. Dieses Tabu zu überschreiten bedeutete für Adam und Eva einen glücklichen Sündenfall, weil er sie zu Menschen macht, indem er ihnen zur Erkenntnis ihres Mann- und Frau-Seins und ihres Nicht-Gott-Seins verhilft. Der Bruch dieses Tabus macht sie deshalb zu Menschen, weil sie damit ihrer Sexualität und ihrer Sterblichkeit gewahr werden, die beide miteinander verbunden sind.

Bei Odysseus geht es um etwas anderes, nämlich um die Anerkennung, dass es einen Zusammenhang gibt, der den einzelnen umschließt und den zu beachten heilsam ist. Dafür steht das Verbot des Gottes Helios. Es sind seine Rinder, die nicht geschlachtet werden dürfen, was soviel heißt wie den Bereich des gesamten Lebens (Pflanzen und Tiere) und den des Transzendenten zu respektieren. Die *psychologische Wirkung* der Anerkennung solcher überpersonaler Zusammenhänge ist, sich selbst nicht mehr als Mittelpunkt des Universums zu sehen, sondern als einen Teil des Ganzen. Dadurch wird der Narzissmus angemildert, die Tendenz des Menschen, sich selbst in den Mittelpunkt zu stellen und damit die Mitwelt und die übergeordneten Zusammenhänge aus dem Blick zu verlieren. Ein solcher gemäßigter Narzissmus wirkt sich vor allem in Paarbeziehungen entlastend aus, wie wir bei der Begegnung von Odysseus und Kalypso sehen werden. Er akzeptiert, dass auch der andere begrenzt ist und befreit von der Illusion, die Liebe des anderen könne unsterblich machen. Im ungebremsten Narzissmus, der auf falsche Liebe und mangelnde Zuwendung in der Kindheit zurückgeht, gibt es nur unersättlichen Hunger, der den anderen auffrisst und letztlich zerstört. Dies wiederholt sich in zahlreichen Trennungen in Partnerschaften, wenn nämlich der Eine merkt, dass der Andere die Liebesdefizite der Kindheit nicht ersetzen und heilen kann und ihn deshalb enttäuscht zurücklässt. Dabei treibt ihn oder sie die Hoffnung, dass es in der nächsten Beziehungen besser und der Hunger gestillt werde, was sich natürlich als Illusion erweist. Menschen, die in solche narzisstischen Beziehungsmuster verwickelt sind, müssten noch einmal zurück zu Kirke, um das Lieben zu lernen und zu Skylla und Charybdis, um das Scheitern zu üben. Das würde sie befähigen, die versagte Liebe ihrer Kindheit zu betrauern und darin zu akzeptieren, statt ihre eigene

Unersättlichkeit zu kultivieren und damit jeden Liebespartner zu überfordern.

Die *spirituelle Bedeutung* eines gewandelten Narzissmus liegt darin, sich als Teil des Ganzen zu verstehen, was soviel heißt, wie sich mit allem verbunden und vernetzt zu fühlen. An die Stelle eines einseitigen Getrenntheitsdenkens tritt das Verbundenheitsgefühl. Wer sich mit allem verbunden fühlen kann, ist wohl eher in der Lage, allen Lebewesen mit Respekt zu begegnen. Diese Achtung vor Menschen, Tieren und Pflanzen ist dann keine moralische Leistung, sondern die selbstverständliche Frucht der Verbundenheit. Andere Lebewesen sind dann Teil von mir und ich Teil von Ihnen, weil wir alle Ausdruck des einen unteilbaren Lebens sind.

Es ist kein Zufall, dass Odysseus die letzte Etappe der Reise alleine verbringen muss. Die letzten Gefährten hat er nach deren Verzehr der Rinder des Helios verloren. Wenn man diese Gefährten als Selbstanteile versteht, dann musste er mit ihnen etwas von sich selbst verlieren, loslassen, aufgeben. Durch die Überschreitung des Verbotes, die Rinder zu verzehren, musste er lernen, die Realität einer gegenüber dem eigenen Ich umfassenderen Macht anzuerkennen. Wie so oft geschieht auch hier das Lernen durch die Erfahrung des Scheiterns. Der aufkommende Sturm als Erfahrung, dass sich die Götter rächen, lässt ihn dieser höheren Ordnung gegenüber Respekt und Anerkennung aufbringen. Im Verlust der Gefährten opfert er gleichsam seine Hybris, das Gebot einer transpersonalen Ordnung ignorieren zu können. Bei vielen Stationen wurde sichtbar, dass durch den Verlust einiger seiner Männer innerlich das Loslassen von kindlichen, unentwickelten Selbstanteilen dargestellt wird. Deshalb ist dieser Verlust nur äußerlich gesehen ein Übel.

Selbstanteilmäßig betrachtet ist er ein Zugewinn an Fähigkeiten auf dem Weg der vierten Individuation. Es gehört zu den Paradoxien, das man das, was man besitzen will, loslassen muss. Erst im Aufgeben kann man etwas behalten, im Klammern und Festhalten verliert man, was einem so lieb ist. Diese Thema ist im Orpheus-und Eurydike-Mythos aufgehoben: Weil Orpheus seine Eurydike auf dem Weg aus dem Hades nicht mit den Augen loslassen kann, verliert er sie endgültig. Hätte er sich an das Gebot, sich auf dem Weg nicht nach ihr umzudrehen, gehalten, wäre sie nicht endgültig ihrem Blick entzogen worden. Auch in der christlichen Vorstellungswelt wird dieses Thema, dass Verlust ein Gewinn sein kann, immer wieder dargestellt, schließlich in seiner wohl radikalste Form, nämlich dass der Tod ein Sieg sein kann und dass das Aufgeben von einseitiger Ich-Verhaftung zur Geburt des wahren Selbst führt. Bei Odysseus führt der Verlust und die Aufgabe des Wunsches, die Rinder zu schlachten, zu seinem Selbst, das die ichhafte Selbstbezogenheit überschreitet zu Gunsten einer achtsamen Akzeptanz des größeren Ganzen. Dass er am Ende alleine zurückbleibt, hebt sein Individuum-Sein hervor. Er ist ein Nicht-Geteiltes, ein Eines. Im Einssein spiegelt sich auch ein bestimmter Bewusstseinszustand wieder, sich nämlich nicht getrennt, sondern verbunden zu fühlen mit dem Ganzen, ja selbst Teil des Ganzen, Teil-Ganzes zu sein.

In der Höhle der Kalypso: Unendliche und endliche Liebe

Poseidon hat Odysseus aus Rache für die Schmach, die er Polyphem, seinem Sohn, zugefügt hat, auf die Insel Ogygia verschlagen lassen. Sieben Jahre verweilt der

Reisende in der wölbigen Grotte bei der göttlichen und deshalb unsterblichen Nymphe Kalypso. Endlich wird im Rat der Götter auf Drängen Athenes beschlossen, Odysseus seines Weges ziehen zulassen. Hermes, der Götterbote, wird zu Kalypso geschickt, um ihr den Entschluss der olympischen Versammlung mitzuteilen. Er beschreibt die Insel der Kalypso mit Bildern, die an die Darstellung des Paradieses auf den ersten Seiten der Bibel erinnern:

> *„Draußen war grünender Wald rings um die Grotte gewachsen,*
> *Erlenbäume und Pappeln und duftende, dunkle Zypressen.*
> *In ihren Zweigen nistend flügelbereite Vögel,*
> *Käuzchen sowohl als Falken und zungenreckende Krähen,*
> *Wasservögel, die immer ihr Werk am Meere verrichten.*
> *Dort auch rankte sich um die gewölbte Grotte ein Weinstock,*
> *Jugendlich frisch, mit prangendem Laub und strotzend von Trauben.*
> *Und vier Quellen sprudelten dort mit schimmernden Wasservögeln*
> *Nebeneinander hervor und rannen dann hierhin und dorthin.*
> *Ja, das würde auch ein Unsterblicher, käm er des Weges,*
> *Voller Staunen betrachten und Freude empfinden im Herzen"* (5,64-74).

Die sexuellen Anklänge in der Schilderung des Ortes sind unüberhörbar, wenn von „flügelbereiten Vögeln", von „zungenreckenden Krähen" und „strotzenden Trauben" die Rede ist. Damit ist das Thema vorgegeben, dass in der Begegnung des Helden mit der Göttin Kalypso verhandelt wird: nämlich die ganze Komplexität der sexuellen Beziehung zwischen Mann und Frau. Wie sich zeigen wird, haben wir ein weiteres markantes Lehrstück in Paartherapie vor uns. Es geht um die Konflikte von endlicher und unendlicher Liebe, von Verschmelzung und Abgrenzung, von Einssein und Autonomsein. Einerseits begegnen beide im anderen einem bisher nicht gelebten Selbstanteil, andererseits entfaltet sich eine reale Beziehungs-geschichte.

Sieben Jahre – eine der sieben Lebensphasen – verweilt der Sterbliche bei Kalypso. Auf Geheiß des Zeus, nach Drängen durch Athene, teilt der Götterbote Hermes ihr mit, Odysseus ziehen zu lassen. Kalypso ist erschrocken, hat sie sich doch an ein gemeinsames Leben mit ihrem Geliebten gewöhnt und träumt von einer Beziehung in ewiger Jugend. Enttäuscht und zornig klagt sie die Olympischen an, weiß aber, dass es zwecklos ist, sich ihrem Befehl zu widersetzen. Als sie Odysseus weinend vor Sehnsucht nach seiner Heimat und seiner Frau am Ufer sitzen sieht, teilt sie ihm den Entschluss der Götter mit. Sie ist zunächst sogar bereit, ihm beim Bau eines Floßes zu helfen und ihn mit Nahrung für die Reise auszustatten. Jetzt folgt die Darstellung ihrer Trennungsarbeit. Sie gehen beide zurück in die Grotte, die Nymphe verwöhnt ihn mit der Kost, die sterbliche Menschen verzehren. Dann versucht sie, ihn bei sich zu halten, indem sie ihm ihre Vorteile anpreist: jünger sei sie als Penelope und dazu noch unsterblich. Der Geliebte erkennt ihre attraktiven Seiten an und bleibt dennoch bei seinem Wunsch, heim nach Ithaka zu fahren. Mit der Axt, die Kalypso ihm geschenkt hat, fällt er Bäume, fügt ein

Floß zusammen, lässt sich mit Reiseproviant versorgen und sticht in See.

Kalypso, die Bergende, gehört zu den Unsterblichen. Odysseus begegnet der schönen Nymphe mit seiner ganzen Sehnsucht nach unbegrenzter, unsterblicher Liebe. Schließlich hat er Jahre der Entbehrung, der Abstinenz und des Unbehaustseins hinter sich. In Kalypso findet Odysseus zunächst der Erfüllung seiner Wünsche: Endlich hat er den Menschen und den Ort gefunden, nach dem ihn so verlangt. Dabei scheint es zunächst unerheblich, ob es Penelope, seine Frau ist oder eben Kalypso, die er unterwegs trifft. Ithaka und Ogygia sind austauschbar. Man kann an das Wort Freuds denken, dass das austauschbarste am triebhaften Begehren das Objekt des Begehrens sei. Je heftiger der Wunsch, desto austauschbarer das Ziel seiner Erfüllung. Das erklärt, warum so manche edle Absicht auf wankenden Füßen steht. Das ist die erste Botschaft dieser Geschichte: Mit den Unterwanderungen zu rechnen, die das triebhafte Begehren dem Wollen bereitet. Beziehungs-weise ist, wer die Macht des Begehrens nicht leugnet, sondern sie zur Kenntnis nimmt.

Odysseus begegnet also in Kalypso einem bisher nicht gelebten Selbstanteil. Odysseus findet in ihr das, was die Frau für den Mann so anziehend macht: eine unendliche, unsterbliche Liebe, die nicht von Trennung und Abschied bedroht ist. Zu diesen Paradiesesphantasien gehört der Wunsch, durch die Verbindung mit der Frau unsterblich zu werden. Dieser Unsterblichkeitsphantasie begegnet der Held in der unsterblichen Göttin. Als Odysseus auf Kalypso tritt, ist er fast am Ende seiner Reise, also nicht mehr der jüngste. Vielleicht spürt er die Vorboten des Alters, erste Schwächen des Körpers und eine Ahnung von der Begrenztheit des Lebens. Da erscheint ihm das Lager der Kalypso wie ein Jungbrunnen. Er ist angezogen von der jüngeren Frau, die sich mit der sterblichen und älteren Penelope vergleicht und Odysseus ihre Vorteile anpreist. Vielleicht hat sie gesagt: Schau mich an, mit mir wirst auch Du jünger. Die Leute sagen es schon, du hast dich verjüngt, meine Bekanntschaft hat Dir neue Flügel verliehen. Ich bin ein Jungbrunnen für Dich, den Mann, der gerade die Lebensmitte überschritten hat.

Natürlich ist Odysseus dafür empfänglich:

> *„....oh Herrin, weiß ich doch selber*
> *Nur zu gut, wie sehr die besonnene Penelopeia*
> *Dir nachsteht an Größe und Wuchs für den, der sie ansieht.*
> *Denn sie ist ja sterblich, du alterslos und unsterblich"* (5,215-218).

Und doch ahnt er, dass Penelope für etwas anderes steht: Sie verjüngt ihn vielleicht nicht mehr durch neue sexuelle Abenteuer, sie nährt nicht seinen Wunsch, ewig jung zu sein. Was sie ihm bietet, ist gerade ihre Sterblichkeit. Darin ist sie ihm gleich. Mit ihr kann er sich auf das Abenteuer, gemeinsam alt zu werden, einlassen. Deshalb kann er mit ihr seelische Nähe und Intimität erleben. Mit ihr kann er sich sicher sein, dass sie als Sterbliche auch seine Begrenztheiten, seine Mängel und sein Älterwerden mittragen wird. Weil er merkt, dass seine körperliche Leistungsfähigkeit nachlässt, er anfälliger wird für Krankheiten und Schwächen, erscheint ihm der Wert einer dauerhaften Beziehung wertvoller als die Phantasie von Unsterblichkeit und ewiger Jugend.

Aber Odysseus findet in Kalypso nicht nur das reine Glück, auch wenn die Illusion am Beginn einer neuen Beziehung in besonders leuchtenden Farben aufscheint:

> *„…das süße Leben zerrann ihm,*
> *der sich nach Heimkehr sehnte; denn nicht mehr gefiel ihm die Nymphe;*
> *Sondern die Nächte wohnte er noch erzwungen der Göttin,*
> *Selbst nicht wollend der wollenden, bei in der wölbigen Grotte;*
> *Aber am Tage saß er auf Felsen oder am Sandstrand,*
> *Sich sein Herz zerquälend mit Tränen und Seufzen und Schmerzen"* (5, 453-457).

Er erlebt das, was sich in Paarbeziehungen regelmäßig einstellt, hier aus der Perspektive des Mannes geschildert, denn Odysseus begegnete dem Weiblichen in seiner Doppel-gestalt: dem bergenden und nährenden, aber auch dem festhaltenden und klammernden Teil. Er findet bei ihr nicht nur Ruhe und Schutz, umfangen von nährender und ihn verjüngender Liebe, sondern er fühlt sich auch festgesetzt und eingepfercht in der „wölbigen Grotte", sodass seine Lebensenergie schwindet. Es geht ihm zwar gut, aber seine Kreativität geht auch verloren. Umgekehrt glaubt die schöne Nymphe, nur im Festhalten Erlösung zu finden. Sie kann sich nicht vorstellen, dass auch ihr Leben neue Chancen hätte, wenn sie ihren sterblichen Geliebten ziehen lassen könnte. Sie benutzt ihn für sich, um Erfüllung zu finden und ihrem Leben Sinn und Bedeutung zu geben.

In Kalypso und Odysseus treffen wir auf ein bekanntes Beziehungsmuster, das sowohl in Eltern-Kind-Beziehungen als auch in Paarkonstellationen immer wieder auftaucht. In Eltern-Kind-Beziehungen vor allem dann, wenn das Kind in eine ersatzpartnerschaftliche Position gerät und mit einem Elternteil verklammert ist. Da ist z. B. die 28jährige Tochter, die sich nicht traut, aus der gemeinsamen Wohnung, die sie mit ihrer Mutter teilt, auszuziehen. Die Mutter, die sich vor Jahren von ihrem Mann getrennt hat, kontrolliert ihre Tochter in allen Kleinigkeiten und gibt ihr das Gefühl, nicht auf eigenen Beinen stehen zu können. Die Tochter ihrerseits beklagt sich zwar ständig über die Mutter und liegt mit ihr im ewigen Streit, nimmt aber den Service der Rundumversorgung an. So spielen beide zusammen und verpassen ihre Chancen, die mit der Trennung verbunden wären.

In Paarbeziehungen kann ein Partner die Rolle der Versorgung des Anderen übernehmen, um sich selbst in dieser Position zu stabilisieren und die eigenen Ängste vor Verlassenwerden in Schach zu halten. Der Schutz, den wir in Paarbeziehungen suchen, kann ganz schnell und unbemerkt zu einem Gefängnis werden. Dies geschieht meistens dann, wenn beide Partner vergessen, dass sie in ihrer Beziehung trotzdem zwei eigenständige Individuen bleiben. Dies zu realisieren macht oft Angst, denn das Getrenntheitsgefühl soll doch gerade durch die dauerhafte Beziehung zu einem Menschen aufgehoben werden. Für diesen Wunsch nach ewiger Zweisamkeit steht Kalypso, die Unsterbliche. Aber genau dies führt dazu, dass sich das Gefühl des Gefangen-Seins und des Verschlungen-Werdens ausbreitet. Was führt zur Lösung aus dieser Beziehungsverwicklung, die dem Anderen den Raum nimmt und Odysseus an der Verwirklichung seiner Lebensaufgabe, nämlich Ithaka zu erreichen, hindert? Die

Frage beantwortet sich, wenn wir verstehen, wie er in diese Beziehungsverwicklung hineingeraten ist.

Es ist die jugendliche Unsterblichkeit der Kalypso, die ihn anzieht. Dieses Attribut nährt mächtige Paradieseswünsche, die Odysseus der Nymphe verfallen sein lassen. Diese Wünsche sind so stark, dass Odysseus offensichtlich nicht aus eigener Kraft zur Befreiung aus der Umarmung der Nymphe findet, auch wenn er bereits in der Begegnung mit anderen weiblichen Gestalten, vor allem mit Kirke, gelernt hat, sich zu unterscheiden und die eigene Position aufrecht zu erhalten. Es braucht eines Impulses von außen. Es ist Zeus, der die Freilassung des Helden auf Wunsch der Athene anordnet und durch Hermes, den Götterboten, der Nymphe überbringen lässt. Psychologisch heißt dies, dass Odysseus mit einer dritten Kraft, dem durch die Götter symbolisierten Überindividuellen in Kontakt tritt. Dadurch werden die geistigen Kräfte, die zur Entwicklung und Weiterfahrt motivieren, als Kraftquelle erschlossen. Diese Ahnung eines anderen Lebens erlaubt es ihm, die bergende weibliche Höhle zu verlassen. Diese transpersonalen Kräfte werden durch Zeus, Athene und Hermes dargestellt. Im jüdisch-christlichen Mythos von der Vertreibung aus dem Paradies ist es Gott, der Adam und Eva aus dem Garten Eden vertreibt und sie damit in die Freiheit ihres eigenen Lebens entlässt. Als Preis müssen sie den Verlust paradiesischer Geborgenheit zahlen.

Und Kalypso? Bleibt sie traurig und verlassen zurück oder hat sie auch ein anderes, neues Leben vor sich, wenn sie ihren sterblichen Geliebten loslässt? Homer berichtet uns nichts davon. Deshalb füllen wir das Fehlende mit Phantasien aus, die sich allerdings aus therapeutischer Erfahrung immer wieder bestätigen lassen. Für Kalypso ist das Loslassen die Erlösung. Sie, die Göttin, ist nicht vom Tod bedroht, sie lebt ohne Begrenzung. Diese Unsterblichkeit ist gerade ihr Problem. Vielleicht fühlt sie sich deshalb so zu einem Sterblichen hingezogen, weil sie sich nach Begrenzung und Endlichkeit sehnt. Gerade dies macht uns ja menschlich. Sie wäre erlöst, wenn sie etwas von der menschlichen Sterblichkeit des Odysseus in sich hätte. Sterblichkeit, Begrenztheit und Endlichkeit zu erleben, ist ihr unbewusster Wunsch und ihre Entwicklungsaufgabe. Sie bewältigt sie, indem sie sich durchringt, dem Wunsch der Götter zu folgen und Odysseus loszulassen. Loslassen besteht für sie darin, dass sie ihre göttliche Phantasie aufgibt, durch ihre Verführungskunst eine ewige, unsterbliche Bindung an ihren sterblichen Liebhaber zu finden. Indem sie Odysseus ziehen lässt, willigt sie gleichsam in ihre eigene Begrenztheit ein. Erst durch diese zeitliche Begrenzung ihrer Beziehung bekommt diese einen Wert, den Kalypso vielleicht langsam zu verstehen beginnt. Indem sie in diese Begrenzung einwilligt, wird sie menschlich, wandelt sie sich von einer unsterblichen, unnahbaren und alterslosen Göttin zu einer leidens- und liebesfähigen Frau. Gleiches geschieht in Odysseus, der sich ja ebenso wie Kalypso mit seinen Unsterblichkeits- und Ewigkeitsphantasien auseinander-setzen musste.

In Paarbeziehungen stellt sich dieses Kalypso-Odysseus-Muster oft so dar: Einer klammert und sucht die Verschmelzung mit dem anderen. Dafür steht Kalypso, die Unsterbliche. Sie will ewige Verbindung, ohne Distanz und ohne Differenz, denn Begrenzung machen ihr Angst. Deshalb klammert sie. Der andere in einer Paarbeziehung wird dadurch geradezu gezwungen, den Abstand zu wahren und die Befreiung aus der Umklammerung zu leben, die dann vom Anderen als Zurückweisung und

130

Ausstoßung erlebt werden. Dafür steht Odysseus, der Sterbliche, der unterwegs ist und die Verklammerung lösen will. Wenn beide Partner mit ihrem Anteil identifiziert bleiben, folgt der ewige Kampf um Nähe und Distanz. Dann bleiben beide Partner halbiert, weil sie ihren eigenen, an die Frau oder den Mann delegierten Wunsch, nicht sehen können. Jeder von ihnen hat aber beide Wünsche in sich, den nach Verschmelzung und den nach Begrenzung. Wenn beide in einer Paartherapie mit dem jeweils abgespaltenen Wunsch in sich selbst in Berührung kommen und sich damit auseinandersetzen, muss er nicht mehr im anderen gesucht und dort zugleich bekämpft werden. Die Beziehung wird befriedigender, weil beide Partner ganzer und vollständiger geworden sind.

Zu dieser wechselseitigen Aufgabe des Vollständiger-Werdens gehört auch das Erlernen der Kunst des Loslassens, ein weiteres Kapitel in der Kalypso-Odysseus-Beziehung. Es ist die große Angst, bei sich selbst und damit ein Individuum zu sein, die zu verwickelten und deshalb so konflikthaften Beziehungs-mustern führt. Denn bei sich selbst Ankommen ist auf der einen Seite die Vorraussetzungen für innerlich getrennte Zweisamkeit und damit für seelische Intimität, andererseits ist es mit Angst verbunden, Einsicht zu gewinnen in die Begrenztheit der eigenen Person und der Beziehung. Bei sich Ankommen heißt ja schließlich auch, die Phantasie aufzugeben, die Liebe des Anderen könne einem selbst Unsterblichkeit verleihen. Mit dem Partner zu verschmelzen und mit ihm eins zu werden, wird deshalb als das höchste Glück erlebt, aber wenn man dieses Glück auf Dauer stellen will, wird es oft unbemerkt zur Quelle größten Leids. Bei sich Ankommen heißt also, aus der symbiotischen Verschmelzung herauszutreten, sich wieder als vom Anderen getrenntes und eigenes Individuum zu erleben. Deshalb ist die Arbeit an der inneren Grenze zwischen zwei Ichs die Voraussetzung für gelingende Beziehung. Wenn man aus der Verschmelzung heraustritt, kann man auch den Anderen *als* Anderen wieder wahrnehmen und mit ihm Beziehung leben. In der grenzenlosen Verschmelzung gibt es keine Beziehung, sondern nur Verwicklung, Projektion, Täuschung. In der Paartherapie besteht die Arbeit bei vielen Paaren darin, die innere Getrenntheit wieder zu finden, vor allem dann, wenn die Personengrenzen porös geworden sind. Diese therapeutische Trennungs- und Enttäuschungsverarbeitung übernehmen in unserer Beziehungsgeschichte Zeus und Athene, die die Abreise des Helden und damit die Trennung des Paares beschließen.

Woran kann man erkennen, dass die Grenzen porös sind und jeder der Partner nur noch im Kopf des Anderen herum denkt. Solche verwickelten und verschmolzenen Beziehungsstrukturen liegen meistens dann vor, wenn Paare immer schon wissen, was der Andere denkt und fühlt. Oder wenn ein Partner alles, was der andere sagt oder tut, sofort auf sich bezieht und sich dann angegriffen, gekränkt oder verletzt fühlt. Er kann dann nicht mehr wahrnehmen, dass der Andere vielleicht ein Problem hat, sondern sieht sich selbst als das Problem. Die Personengrenze ist verloren gegangen, der andere ist Teil von einem selbst geworden. Deshalb ist für viele Partner diese Arbeit an der inneren Getrenntheit zwar einerseits entlastend, aber sie ist auch mit Angst verbunden. Schließlich hat die Tendenz, mit dem Anderen zu verschmelzen und ihn als Teil von sich zu erleben, ihren Grund in der Angst, allein zu sein, begrenzt und sterblich. Die Sehnsucht nach unbegrenzter, unsterblicher Liebe trägt jeder mit sich, haben wir doch alle diesen Zustand

132

am Beginn des Lebens erlebt. Der Wunsch nach Einssein weist zurück in eine Zeit, in der wir uns unendlich geliebt fühlen konnten. In der vorgeburtlichen Lebensphase waren wir aufgehoben in einem Universum, in dem wir kaum Versagung und Begrenzung erleben musste. Die organismische Rundumversorgung im Leib der Mutter vermittelt dem Fötus das Unendlichkeitsgefühl. Spuren davon sind in unserem Körpergedächtnis aufbewahrt. Aber auch in der nachgeburtlichen Zeit, vor allem im ersten Lebensjahr, federt die haltende Beziehung zur Mutter alle Versagungen und allen Frust durch die begrenzende Realität einigermaßen gut ab. Dies erzeugt im Säugling die Illusion von ewiger Liebe und Geborgenheit in der mütterlichen Höhle des Seins. Ich sage bewusst, dass es sich um eine Illusion handelt, weil der Säugling die andere Realität aus seiner Wahrnehmung ausschließt, weil er noch nicht die Mechanismen entwickelt hat, mit Frust und Enttäuschung, die Begrenzungen machen, umzugehen. Zur Reifung des Kindes gehört, immer mehr die Enttäuschungen kompensieren zu können, um allmählich die Tatsache, dass die Welt kein Schlaraffenland ist, zu akzeptieren. Bildlich gesprochen bedeutet dies, einzuwilligen in die Vertreibung aus dem Paradies. Dieses bekannte biblische Bild beschreibt in seiner Sprache, was ich gerade psychologisch ausgedrückt habe.

Jenseits des Paradieses, also nach der beschlossenen Trennung der Liebenden, findet Odysseus zu seiner Energie und Kraft zurück, als er sich mit Hilfe des Himmels aus der Erdhöhle befreit. Homer erzählt, wie er sich daran macht, am Gestade des Meeres sein Floß zu bauen, mit der die Weiterfahrt nach Ithaka antreten kann. Die Entwindung aus den Armen der Nymphe setzt Kräfte frei und lässt ihn zu neuen Ufern aufbrechen. Und Kalypso sitzt nicht nur weinend und trauernd in ihrer Höhle, sondern sie unterstützt ihren Geliebten beim Bau des Floßes, was heißt, dass sie an der Trennungsarbeit beteiligt ist und sich nicht nur als Opfer fühlt. Sie selbst scheint auch ein Interesse daran zu habe, sich begrenzten Aufgaben in der Welt der Sterblichen, wie das Floß bauen, zuzuwenden. Auch für sie bricht eine neue Lebensphase an. Die Angst, dass es nach dem Loslassen des anderen kein Leben mehr gibt, kann in vertrackten Paarbeziehungen so groß werden, dass es nur noch Klammern und Festhalten gibt. Was zur Angstberuhigung gedacht ist, wird zur neuen Angstquelle. Wie befreiend ist es oft für Paare oder in Eltern-Kind-Beziehungen, wenn die verklammerten Partner erleben, dass es auch jenseits der Beziehung ein Leben gibt. Den Segen dieses begrenzten Lebens jenseits der „unsterblichen" Beziehung scheint Kalypso zu spüren, wenn sie ihrerseits aktiv wird und am Floß – dem Bild für die Weiterreise – mitbaut.

In menschlichen Beziehungen ist es regelmäßig die Welt außerhalb der Beziehung, die dafür sorgt, dass die Zweisamkeit nicht zur symbiotischen Verschmelzung, zur „Verrücktheit zu zweit" verkommt. „Welt" steht für die Realität außerhalb, für die Kultur, das Geistige, wodurch sich der Mensch mit einem überindividuellen Kosmos verbindet.

Nach dem Aufbruch von Ogygia trieb Odysseus die Strömung des Meeres an den Strand der Phäaken, wo er, erschöpft und zersaust von Salz und Wind, von Nausikaa, der Prinzessin gefunden wird. Sie führt ihn an den Hof ihres Vaters, des Königs Alkinoos, der ihm freundlich gesonnen ist. Dort beginnt er in abendlicher Runde seine Abenteuer zu erzählen. Alkinoos und sein Volk sind ohne Hintergedanken und frei von Feindseligkeiten dem fremden Ankömmling gegenüber. Psychologisch gesehen stehen die Phäaken für die guten und unterstützenden Selbstanteile in der Person des Odysseus, die lange verschüttet waren und von Kampf und Krieg überlagert wurden. Aber wie in Odysseus sind in jedem Menschen, mag er noch so verletzt, erniedrigt, gekränkt oder beschämt worden sein, heile und unbeschädigte Persönlichkeitsanteile erhalten. Es gibt sozusagen einen unzerstörbaren Kern in unserem Selbst, der auf Förderung und Entwicklung wartet. Es braucht nur eines Gegenübers, das sich resonant verhält und diesen Selbstkern zum Schwingen bringt. Deswegen kann Odysseus ihm seine Geschichte erzählen. Es braucht ein Ohr, das zuhört, wenn ein Mensch sein Herz öffnet und auch die Dinge erzählt, die mit Scham, Peinlichkeit und Schuldgefühlen belastet sind. Alkinoos wird ihm am Ende seines Aufenthaltes an seinem Hof mit Geschenken und Reiseproviant ausstatten, damit er die letzte Etappe gut übersteht und endlich nach Ithaka gelangt.

III. Das Zweifache Ankommen auf Ithaka

Dass Odysseus von Kalypso loskommt, der liebreichen Nausikaa begegnet und von helfenden Kräften in Gestalt der Königs Alkinoos in die Heimat Ithaka begleitet wird, all das hat Athene eingefädelt, die dafür sorgt, dass Zeus der Kalypso seinen Entschluss zum Aufbruch ihres Geliebten übermitteln und Nausikaa zufällig am Strand ihre Kleider waschen lässt. Athene ist seine Schutzgöttin, sie repräsentiert einen positiven Selbstanteil, der mit Intuition zu tun, mit einer Gewissheit für das richtige Handeln im passenden Augenblick.

Skizze der Ereignisse

Die Ankunft auf Ithaka ist ein komplexes und dramatisches Geschehen. Es wird nicht einfach nur als glückliche Heimkehr erzählt, sondern als ein konflikthaftes, verwickeltes Durcheinander, indem sich gleichsam die einzelnen Stationen seiner Reise noch einmal verdichten.

Komplex wird es auch dadurch, dass die beiden Handlungsstränge, die „Telemachie" und die eigentliche „Odyssee", jetzt zusammengeführt werden. Bisher verliefen die Wege von Telemach, der seinen Vater sucht, und Odysseus, der zu Frau und Heimat unterwegs ist, parallel.

Zunächst zu Odysseus. Als er am Gestade von Ithaka erwacht, erkennt er sein Vaterland nicht, das in dichtem Nebel liegt. Athene, als Jüngling verkleidet, klärt ihn über seine Situation auf. Er selbst gibt sich ihr aber nicht zu erkennen, sondern erfindet eine erste seiner weiteren Lügengeschichten über seine Herkunft. Athene ist erfreut über seine Fähigkeit, sich zu verstellen, denn diese Fertigkeit braucht er, wenn er die Freier besiegen und Penelope für sich gewinnen will. Zunächst hilft sie ihm seine Schätze in der Höhle der Nymphen zu verstauen, dann beraten sie einen Plan für die Überwindung der Freier: Nur mit List und Lüge ist ihnen beizukommen. Deshalb verleiht die Göttin ihm die Gestalt eines bettelnden Greises. In dieser Verkleidung soll er später sein Haus unerkannt betreten können, zunächst jedoch beim treuen Sauhirten Eumaios einkehren. Athene selbst geht derweil nach Sparta, wo Telemach seit einem Jahr auf die eigene Heimkehr wartet. Odysseus sucht Eumaios auf, wird in dessen Hütte geführt und mit Ferkeln bewirtet. Ohne sich zu erkennen zu geben, versichert er ihm Odysseus' Heimkehr, findet aber keinen Glauben. Odysseus fabuliert eine Biographie zusammen, wie er als gebürtiger Kreter in einem abenteuerlichen Leben unter anderem nach Troja gelangt sei und es ihn schließlich hierher nach Ithaka verschlagen habe.

Inzwischen befiehlt Athene Telemach, der noch immer bei Menelaos in Sparta weilt, die Heimkehr nach Ithaka, da die Hochzeit der Mutter nahe bevorstehe; sie warnt ihn vor dem Hinterhalt der Freier und nennt ihm einen sicheren Landeplatz, wohin er mit günstigem Fahrtwind gelangen werde. Schiff und Mannschaft solle er dann zur Stadt schicken, selbst aber zu Eumaios gehen und sich dort zunächst in Sicherheit bringen; der Sauhirt solle Penelope von der Rückkehr des Sohnes benachrichtigen. Telemach bricht auf, nimmt unterwegs den Wahrsager Theoklymenos auf, der ihm einen günstigen Ausgang prophezeit, und entgeht durch die geheime Landung vorerst den Nachstellungen der Freier.

Telemach landet also unangefochten auf Ithaka und geht zu Eumaios, der die Nachricht von der Heimkehr des Sohnes Penelope überbringt. Währenddessen gibt sich Odysseus in seiner wahren Gestalt – die ihm Athene vorübergehend wiedergibt – dem Sohn zu erkennen, der ihn zuvor in der Bettlergestalt nicht erkannt hatte. Sie hecken gemeinsam einen Plan zur Bestrafung der Freier aus. Diese beschließen unterdessen ein geheimes Mordkomplott gegen Telemach. Penelope erfährt davon und kann die Freier von ihrem Mordplan abbringen. Morgens verabschiedet sich Telemach vom Vater und geht in die Stadt. Dort berichtet er seiner Mutter vom Fehlschlag seiner Erkundigungen über den Vater in Pylos und Sparta; immerhin habe Helena versichert, dass Odysseus am Leben sei und Kalypso ihn mit Zwang festhalte. Da weissagt Theoklymenos, dass Odysseus bereits da sei. Wieder als Bettler verkleidet folgt Odysseus dem Eumaios, der seinen Herrn noch immer nicht erkennt, in die Stadt. Im Palast schmausen unterdessen die Freier. Während der Sauhirt vorangeht, verweilt Odysseus kurz vor dem Palast; hier erkennt ihn sein alter, verwahrloster Hund Argos und verendet sogleich.

Odysseus tritt nun unter die feiernden Freier, um zu betteln, wird aber von diesen verhöhnt. Ihr Anführer Antinoos wirft einen Schemel nach ihm und trifft ihn an der Schulter. Eumaios vermittelt eine Unterredung zwischen Penelope und dem Bettler für den Abend und kehrt dann zu seinem Gehöft zurück. Odysseus schafft mit Telemachos die Waffen aus dem Männersaal in die obere Kammer und bleibt allein im Saale. Penelope tritt herein und klagt dem vermeintlichen Bettler ihr Leid; sie erzählt ihm von der List, mit der sie die Neuverheiratung an einen der Freier jahrelang hinausgezögert hat: ihr Weben und nächtliches Wiederauftrennen eines Totenhemdes für den

Schwiegervater Laertes. Odysseus weckt mit einer fabulösen Erzählung bei Penelope die Hoffnung auf noch mögliche Wiederkehr ihres Gatten. Er wird im Haus aufgenommen, gebadet, gesalbt und gekleidet – bei der Fußwaschung erkennt ihn die Dienerin, seine alte Amme Eurykleia, an einer Narbe, die von einer jugendlichen Eberjagd herrührt. Odysseus verbietet Eurykleia fürs erste, sein Inkognito vor den andern zu lüften.

Penelope erzählt dem Bettler von einem Traum, der die Heimkehr ihres Mannes ankündigte; sie kündigt an, dass sie am folgenden Tag durch eine Bogenprobe denjenigen unter den Freiern ermitteln wolle, dem sie als Frau folgen wolle, damit das Haus auf den nunmehr erwachsenen Sohn übergehen könne. Der Auserwählte müsse den Bogen des Odysseus spannen und den Pfeil durch die Öffnung von zwölf hintereinander aufgestellten Äxten schießen können. Odysseus, immer noch unerkannt von Penelope, unterstützt sie in diesem Vorhaben.

Eurykleia und die Mägde schmücken den Saal zum großen Bankett des Apollofestes. Die Freier brechen auf ein ungünstiges Vogelzeichen hin, das ihnen Theoklymenos deutet, ihren Mordversuch an Telemach ab. Athene stiftet nun Verwirrung unter den Freiern. Penelope bringt daraufhin den Bogen des Odysseus und bietet sich selbst als Kampfpreis an für den, der mit dem Bogen am besten umgehen könne. Telemach stellt die Äxte auf, beginnt mit dem Versuch, zu schießen, vermag jedoch den Bogen nicht zu spannen. Inzwischen hat sich Odysseus seinen treuen Hirten zu erkennen gegeben und sie in den Plan eingeweiht. Als es auch den Freiern nicht gelingt, den Bogen zu spannen, wollen diese den Wettkampf auf den folgenden Tag verschieben. Daraufhin bittet der Bettler, sich am Bogen versuchen zu dürfen, was Telemach gegen

139

den Protest der Freier durchsetzt. Er spannt und trifft durch die zwölf Öre der Äxte. Jetzt wirft Odysseus seine Bettlerlumpen ab, gibt sich den Freiern zu erkennen und erschießt mit dem zweiten Pfeil den Antinoos. Wild entschlossen will Odysseus die Frevel der Freier an ihm und seiner Gattin durch deren Tod gesühnt wissen. Die Freier suchen nach Waffen, die Odysseus zuvor entfernt hatte. Einer von ihnen, Eurymaches, möchte mit Odysseus verhandeln und bietet Ersatz für die in den Jahren entstandenen Schäden. Inzwischen besorgte Telemach Rüstungen für sich, die treuen Hirten und Odysseus. Im hin- und her wogenden Getümmel lässt Athene die Freier nicht treffen, sodass der heimgekehrte Held alle Männer niedermacht und so den Sieg erringt. Die Mägde, die sich zuvor auf die Freier eingelassen haben, müssen nun ihre Leichen heraustragen und werden anschließend erhängt. In großer Radikalität wird Ordnung geschaffen, das Haus von den Spuren des Kampfes gereinigt und mit Schwefel ausgeräuchert. Von den treuen Mägden, die nicht mit den Freiern verkehrten, wird er mit großer Herzlichkeit begrüßt.

Jetzt schickt Odysseus Eurykleia zu Penelope, um sie von seiner Ankunft zu benachrichtigen. Aber die kluge Gattin bleibt misstrauisch, selbst als sie ihm gegenüber sitzt. Odysseus gebietet den Seinigen Reigentanz, um den Leuten von Ithaka Hochzeitsfeierlichkeiten vorzu-täuschen. Er selbst kommt, gebadet und von Athene mit strahlendem Äußeren ausgestattet, in den Saal zurück, kann aber auch so das tiefsitzende Misstrauen Penelopes über seine wahre Identität nicht auszuräumen. Erst als er das nur ihnen beiden bekannte Geheimnis über Ort und Bauweise des unverrückbaren ehelichen Bettes preisgegeben hat, fällt sie ihm überwältigt vom Glück der Wiedervereinigung um den Hals. Nach der Ankündigung, dass ihm laut der Weissagung des Teiresias noch eine lange Sühnewallfahrt für die begangenen Morde bevorstehe, wird die Schlafkammer hergerichtet. Da Athene die Morgenröte lange aufhält, können die beiden Gatten sich ausführlich ihre Erlebnisse der vergangenen zwanzig Jahre erzählen. Am Morgen befiehlt Odysseus der Gemahlin, sich einzuschließen, und geht mit dem Sohn und den Hirten hinaus zum Landgut seines Vaters Laertes.

Jetzt folgte eine Unterweltszene. Die Seelen der toten Freier ziehen, von Hermes geleitet, an ihm vorbei. Dort hadert gerade Agamemnon mit Achill: dieser habe einen ruhmvollen Tod vor Troja gefunden, während er selbst bei der Heimkehr unrühmlich von seiner untreuen Frau Klytaimnestra beseitigt worden sei. Als Agamemnon von dem Freier Amphimedon das Geschehene erfährt, preist er das Glück des als Sieger heimkehrenden Odysseus und den unvergänglichen Ruhm seiner treuen Gattin Penelope. Odysseus findet seinen Vater Laertes auf dem Landgut unter den armseligsten Umständen und gibt sich ihm zu erkennen. Unterdessen hat Eupeithes, der Vater des getöteten Freieranführers Antinoos, in der Stadt die Einwohner zu einem Aufstand gegen den König beredet, da Odysseus die Besten des Volkes, den Adel von Ithaka und den umliegenden Inseln, auf dem Gewissen habe. In dem nun entbrennenden kurzen Kampf tötet der alte Laertes den Eupeithes; Athene aber stiftet sodann einen dauernden Frieden zwischen den Parteien, wie sie es mit Zeus vereinbart hatte.

Damit endet das Epos. Aber am Ende mag sich Leser und Leserin an die Prophezeiung erinnern, die Theiresias dem Odysseus in der Unterwelt gegeben hat: Wenn er heimgekehrt sein wird, solle er sein Ruder nehmen, über

Land wandern und schließlich das Ruder in die Erde stecken und Poseidon ein Opfer darbringen.

Ithaka als Ort und Zustand

Entsprechend der doppelten Perspektive dieses Buches steht Ithaka sowohl für das psychologische Ich als auch für das spirituelle Selbst. Ithaka ist zunächst der psychologische Ort, an dem sich die bisherigen Konfliktsituationen noch einmal verdichten. Die Aufgaben, die Odysseus auf seiner Reise gelöst und bewältigt hat, tauchen noch einmal auf: Er muss kämpfen, sich durchsetzten, Kränkungen und Erniedrigungen aushalten und sich vor allem mit dem auseinander setzen, was vorher nur in seiner Phantasie Platz hatte: nämlich mit seiner Familie, vor allem mit Telemach, seinem Sohn und Penelope, seiner Frau. Am Schicksal des Telemach, dass in diesem letzten Teile mit dem des Odysseus verschränkt wird, sehen wir, was die Abwesenheit des Vaters vor allem für den Sohne bedeutete. Unser Epos wandelt sich jetzt zu einer dramatischen Familiengeschichte. Hier wird eine Dynamik auf der äußeren Bühne zur Aufführung gebracht, die die Entstehung grundlegender Beziehungsstrukturen zum Thema hat. Es geht um die Dynamik unserer Ichwerdung im familialen Dreieck, hier in der Triade von Odysseus, Penelope und Telemach. Ithaka bildet als Ort unserer sozialen Existenz den Raum, indem sich unser Ich bildet. Zwar erscheint Ithaka als Heimat des Odysseus zunächst als Ort der Sehnsucht und des Glücks, als Raum der Ichentwicklung ist er aber keinesfalls ein Paradies, sondern symbolisiert ein dramatisches Geschehen. Insofern ist Ithaka mehr ein Prozess, eine Entwicklungsaufgabe, die nie endet. Auch nachdem Odysseus und Penelope in glückseliger

142

Vereinigung zusammengefunden haben und Telemach seinen Platz als Sohn einnehmen konnte, steht eine neuer Aufbruch an. Es gibt für beide kein Verweilen.

In spiritueller Perspektive steht Ithaka für den Versuch, Gegenwärtigkeit zu leben, für das Ankommen im eigenen Selbst. In Penelope begegnet er dann nicht nur seiner realen Frau, nicht nur seinem weiblichen Seelenanteil, sondern er trifft in ihr auf sein Selbst, auf die nicht-duale Wirklichkeit, die den Hintergrund aller Formen und Erscheinungen bildet. Dem bereits zitierten Wort Goethes vom „Ewig-Weiblichen" folgend steht Penelope also auch als Metapher für das Ewige, das zeitlose Sein, für das Selbst, dass sich vom Sein nicht mehr unterscheidet. Die Metapher der Frau ist notwendig, weil sich dieses unteilbare und nicht auf etwas anderes zurückführbare Sein ja niemals der direkten Erfahrung öffnet, da Erfahrung immer Erfahrung von etwas ist und damit dem Modus der dualen Wirklichkeit angehören würde, in der es das *erfahrende* Subjekt und das *erfahrene* Objekt gibt. Deshalb sind auch die hier verwendeten Begriff wie „Ankommen im eignen Selbst, Ankommen im Sein" sofort wieder zu relativieren, weil sie sonst die Illusion nähren würden, es gäbe das Selbst oder das Sein oder Gott so wie es Dinge gibt, die wir sprachlich bezeichnen. In spiritueller Sicht sind diese Begriffe genauso Hindernisse auf dem weisheitlichen Weg wie das Festhalten an anderen ichhaften Vorstellungen. Wenn hier trotzdem Begriffe wie Selbst oder Sein verwandt werden, dann nur als ein Zugeständnis an unsere Sprache, nicht aber als eine naive Identifizierung dieser Worte mit einer als substantiell gedachten Sache. Der spirituelle Weg kann nur Hindernisse und Widerstände ins Bewusstsein heben, die sich zeigen, wenn jemand die Illusion der geläufigen Vorstellungen von sich und der Welt zu erkennen beginnt.

Mit diesen beiden Perspektiven, sich als psychologisches Ich und als spirituelles Selbst zu sehen, erschließt sich der zweite Teil unser Epos in seinem ganzen Reichtum.

Im Nebel: Fremd im eigenen Land

Endlich hat Odysseus nach zwanzig Jahren das Ziel seiner Reise erreicht und da weiß er nicht einmal, dass er angekommen ist. Alles liegt im Nebel und nur mit Hilfe der Athene vermag er sich zu orientieren. So ist es, wenn man eine neue Stufe der eigenen Entwicklung erreicht hat: Es ist wie einen unbekannten Kontinent betreten. Die alten vertrauten Orientierungspunkte helfen nicht mehr, die Landkarte passt nicht zu dem neuen Land. Und der vermeintlich neue Boden ist doch nur der Alte, aber Odysseus ist ein anderer geworden. Deshalb erkennt er das Bekannte nicht wieder. Das Fremdheitsgefühl ist passender Ausdruck für diese Entwicklung, aber es ist schwer zu akzeptieren. In der Regel sucht unser Verstand alles Neue nach alten Mustern zu sehen, sodass das Neue nur das Alte ist. Entscheidend ist die Landkarte, d. h. das mentale Muster, in dem wir uns eingerichtet haben und das alles Neue und Fremde sofort in Vertrautes und Bekanntes verwandelt. So machen wir uns die Welt ähnlich und finden nichts Neues mehr. Fremdheit auszuhalten ist schwer, weil es mit Hilflosigkeit und Ohnmacht zu tun hat. Die meisten verharren lieber in der Komfortzone, in der nichts Neues – und das ist immer auch Angstmachendes – geschieht. Von Odysseus wird berichtet, dass er seine alten Muster nicht einfach seiner Heimat überstülpt, sondern es aushält, im Nebel zu tappen, noch nicht klar zu sehen und keine Orientierung zu haben. So stimmt diese kleine, scheinbar unbedeutende Szene am

Beginn seiner Ankunft das Lob der Fremdheit an. In gewisser Weise schafft Odysseus damit eine neue Gegenwart, die nicht einfach die Verlängerung dessen ist, was er vor zwanzig Jahren zurückgelassen hat. Die alten Denk- und Wahrnehmungsmuster sind nicht mehr passend für die neue Situation. Wer das erkannt hat, bleibt nicht identifiziert mit den alten Modellen, sondern kann Neues erleben. Das setzt eine gewisse Toleranz voraus, Unsicherheit oder auch Angst zulassen zu können. Entwicklung gibt es ja nur an der Angstgrenze. Odysseus schafft, weil er im Nebel sitzt, also die alten Muster aufgegeben hat, eine neue Gegenwart, er gibt dem Jetzt eine Chance. Somit wird seine alte Heimat zu einem anderen Land, wo etwas Neues geschehen kann. Am deutlichsten zeigt sich dies daran, dass er und Penelope sich nicht sofort erkennen und nicht einfach ihre alte Beziehung fortsetzen, sondern sich anders begegnen und ihre Beziehung neu erfinden werden. Dazu später mehr.

Das Neue, das geschieht, tritt schon bald ein. Es begegnet zunächst in Gestalt von Athene, die ihn aufklärt über seinen Ort und ihm rät, sich als Bettler zu verkleiden. Sie macht einen Plan zur Überwindung der Freier und hilft, seine Schätze, die er von Phäaken mitgebracht hat, sicher aufzubewahren. Letzter Hinweis macht deutlich, dass man das durch Erfahrung Mitgebrachte und lebens-geschichtlich Erworbene nicht einfach aufgeben muss, sondern es aufbewahren sollte aber so, dass es einen nicht hindert, sich in der neuen Situation zurecht zu finden und zu bewähren. Die Schätze versinnbildlichen die wertvollen Selbstanteile, die Odysseus im Laufe seiner Reise nach Ithaka angesammelt und erworben hat. Auch Athene selbst, seine Schutzgöttin, steht für den vielleicht wichtigsten Selbstanteil, den ein Mensch braucht, um einigermaßen gut die Reise durchs Leben zu meistern. Es ist die Gewissheit, dass es gut enden wird, woraus Vertrauen erwächst und Hoffnung. Es ist die Intuition, das jeweils Richtige zu tun, sich einzulassen in eine Situation um sich von seinen inneren Impulsen, die zwischen Gefühl und Verstand liegen, leiten zu lassen.

Von weisen Mystikern wird oft berichtet, dass sie die Erleuchtung, die tiefe Erfahrung der Einheit allen Seins, nicht als spektakuläre Sensation beschreiben, sondern als etwas, das sie oft gar nicht bemerken und das wie beiläufig geschieht. Von einem Zen-Meister des 15. Jahrhunderts wird berichtet, dass seine Erleuchtung vom Schrei einer Krähe ausgelöst wurde. Ähnliches beschreibt die Szene des unspektakulären Ankommens. Spirituell gelesen steht Ithaka für das Selbst und die nicht-duale Wirklichkeit, welche nicht mehr zu trennen sind, so wie in der altindischen Mystik *atman* und *braman*, Einzelseele und Weltseele, eins werden. Odysseus sieht sich umnebelt, orientierungslos und ohne sicheres Wissen, was darauf hindeutet, dass in ihm eine spirituelle Wandlung vom sicher Wissenden zum lernenden Anfänger stattgefunden hat.

Verkleidet als Bettler: Distanz vom Ich

Bald nach seiner Landung an den Gestaden Ithakas trifft er Athene und erzählt ihre eine erste von sechs Lügengeschichten über seine Identität und Herkunft. Athene tadelt ihn nicht wegen seiner vermeintlichen Lüge, sondern bestärkt ihn im Spiel mit seiner Identität. Sie macht den Vorschlag, dass er sich als Bettler verkleiden solle, um seine Identität zu verbergen, denn nur so könne er sich Zutritt zum seinem Palast verschaffen und die Freier besiegen. Der Rat der Athene, sich zu verkleiden und die Neigung des Odysseus, Lügengeschichten zu erzählen, klingen zunächst wenig tugendhaft. Sie widersprechen dem modernen Ideal, authentisch zu sein und sich nicht selbst zu spalten. Gegen dieses Ideal, dass wie ein Gefängnis werden kann, rät unser Epos, eher spielerisch und manchmal taktisch mit der eigenen Identität umzugehen. Mit Identität meine ich bestimmte Merkmale einer Person wie Rollen, Namen, Fähigkeiten, aber auch verinnerlichten Beziehungsmuster und Denkmodelle. Wenn unser Ich entsteht, geschieht dies dadurch, dass wir uns mit Botschaften, Sätzen, Blicken, Reaktionen und Spiegelungen auf unsere Person hin identifizieren. Auf dieses Ich, das auf der Resonanz anderer Menschen auf unsere Person hin beruht, können wir zwar einerseits nicht verzichten, es kann uns andererseits aber auch festlegen und einengen. Wer an den Zuschreibungen und Identifizierungen starr festhält, schränkt den Raum seiner Entwicklung unnötig ein.

Mit dem Ratschlag an Odysseus, sich zu als Bettler verkleiden, greift das Epos hier das Thema des Spielens mit Identität wieder auf, das bereits in der Begegnung mit dem Riesen Polyphem anklang. Damals antwortete Odysseus auf die Frage des Kyklopen, wer er sei, mit „oudeis", Niemand, und rettet mit dieser Antwort sein Leben und das seiner Gefährten. Hier zeigt sich ein Bewusstsein, dass die vermeintliche sichere Seite von Namen und Identität durchschaut. Ihnen entspricht außer dem Bewusstsein von Identität keine Realität. Von seinen erworbenen Identifizierungen Abstand zu nehmen, sie für einen Moment als die Außenseite der Person zu erkennen, hinter der sich noch etwas anderes verbirgt als Rolle, Name und Verhalten, führt zur Verwirklichung des Selbst. Von dieser Außenseite kann man aber nur dann Abstand nehmen, wenn sie sich zuvor entwickelt hat. Weil

147

Odysseus weiß, wer er ist, kann er dem Riesen Polyphem antworten, er sei Niemand.

Auf einer spirituellen Ebene wäre das Sich-Verkleiden also zu verstehen als ein Loslassen der Maske, der Persona, des Namens und der nach außen gezeigten Identität. Solche Geschichten wie unsere wollen bewusst machen, dass diese Maske sich als Täuschung erweist, weil sie als Zuschreibung unseres Geistes zu verstehen ist, der keine Realität im Sein entspricht. Es ist also die Übergangsfähigkeit, die „Transversalität", von der Wolfgang Welsch (1995) spricht, die hier empfohlen wird. Es meint die Bereitschaft, die äußere, ichhafte Identität neben dem inneren wahren Selbst bestehen zu lassen. Es gibt Situationen, da brauchen wir unsere äußere, merkmalsbezogene Identität, und es gibt Situationen, wie die, in der sich Odysseus befindet, in denen es hilfreich ist, die Anhaftung an diese Art der Identität aufzugeben.

Dieser Wechsel manifestiert sich in Athenes Rat an Odysseus, die Gestalt eines Bettlers einzunehmen. In allen Kulturen hat der Bettler eine besondere Bedeutung. Er symbolisiert den Zustand der Armut an äußerem Besitz und damit den Zustand des unverkleideten Selbst, welches sich nicht mit äußeren Attributen absichert und so zum falschen Selbst verkommt. Die christliche Seligpreisung des Armseins ist vielleicht der Höhepunkt dieser Einsicht, dass alle äußeren Identitätszuschreibungen, also der Reichtum, losgelassen und überwunden werden wollen, wenn das wahre Selbst zum Vorschein treten soll. Leider wurde in der christlich-asketischen Interpretation die Armutsempfehlung Jesu zu einem inhaltlichen Ideal gemacht und damit schon wieder ins Gegenteil verkehrt. Sobald etwas wie die Armut zum Ideal wird, ist es schon wieder zum Besitz geworden, der eben dem wahren Selbst im Wege steht. Deshalb wird in der Odyssee das Bettler-Sein auch nicht zum Ideal gemacht, sondern als Weg und Mittel verstanden, um ein anderes Ziel, nämlich die Wiederkehr zu Penelope, zu erreichen. Hier wird wieder eine spirituelle Einsicht deutlich, dass nämlich der Weg zum Selbst der Weg des Loslassens ist, und nicht das Festhalten an asketischen oder spirituellen Idealen.

Telemach auf der Suche nach dem Vater oder das Kind zwischen den Eltern

Jetzt tritt Telemach auf den Plan. Bisher stand Odysseus im Mittelpunkt, jetzt geht es um den Sohn. Wenn man Odysseus als Kollektivperson sieht, dann ist Telemach der Sohn-Aspekt des Odysseus, denn dieser war auch einmal ein Sohn. Wie schon gesagt besteht das Werk Homers aus zwei parallel verlaufenden Geschichten, der Odyssee und der Telemachie. In letzterer wird der Weg des Sohnes beschrieben, der seinen Vater sucht und durch diese Suche Erleichterung von seiner Bürde erhofft, im Palast von Ithaka den Vater und Hausherren ersetzen zu müssen. Bei der Ankunft des Odysseus auf Ithaka werden die drei Familienmitglieder dynamisch zusammengefügt: Damit geht es jetzt nicht mehr nur um Odysseus, Telemach und Penelope als Einzelmenschen, sondern um die Beziehungsdynamik zwischen den Dreien. Überhaupt weitet sich die Dichtung jetzt zu einer Dreiecksgeschichte, die vor allem aus der Perspektive des Sohnes Telemach interessant ist, denn Kinder sind ja die Leidtragenden, wenn die Beziehungsdynamik zwischen den Eltern gestört ist. Aus der Perspektive des Sohnes entwickelt sich auch ein anderes Bild von den Eltern, die keineswegs in Unschuld ein auferlegtes Schicksal zu ertragen haben, sondern beteiligt sind an den Verwicklungen des Sohnes.

149

So fällt auch ein anderes Licht auf sie: vor allem Penelope erscheint dann nicht mehr als die idealisierte, treue wartende Ehefrau und Mutter, sondern es werden auch andere Motive in ihr sichtbar.

Erinnern wir uns, was sich äußerlich abspielt: Nachdem Athene Odysseus an Land empfangen hat, begibt sie sich nach Sparta, wo Telemach nach dem Vater sucht, um ihn aufzufordern, nach Ithaka zurückzukehren und den Schweinehirt Eumaios aufzusuchen. Hier trifft er auf seinen Vater, den er zunächst in seiner Bettlergestalt nicht erkennt. Erst als sich Odysseus ihm als sein Vater zeigt, begegnen sich beide und beraten den Plan, wie sie die Freier besiegen können.

Telemach geht es wie vielen Söhnen und Töchtern, die nach dem Vater suchen. Die Töchter brauchen den Vater, um sich im Blick des ersten Mannes in ihrem Leben zu spiegeln. Söhne brauchen ihn, um sich mit ihm als Angehörigen des gleichen Geschlechts zu identifizieren. Für beide, Söhne und Töchter, steht der Vater aber auch für den Dritten, der sich zwischen die Mutter-Kind-Beziehung schiebt und so die enge und oft verklammerte Zweierbeziehung mit der Mutter auflöst. Es wird also in der Odyssee auch das Thema der Dreiheit verhandelt und deren heilsame Wirkung in Beziehungen zwischen Paaren und zwischen Eltern und Kind.

Zunächst aber geht es um die Begegnung Vater-Sohn. Telemach hat das gleiche Schicksal hinter sich, dass viele Söhne und Töchter erleiden: das des abwesenden Vaters. Das ist ein Thema, dass nicht nur die Kinder erlitten haben, deren Vater im Krieg gefallen ist oder der lange in Gefangenschaft war und später heimkehrte. Plötzlich steht er vor der Türe und wird von den eigenen Kindern nicht erkannt. In der Regel haben sie durch die Erzählungen der Mutter oder anderer Familienangehöriger ein ideales Bild vom Vater aufgebaut, ein Bild, welches durch die Realität nicht korrigiert werden konnte. So wie Telemach das Bild des „göttergleichen" Odysseus in sich aufgebaut hat, welches mit dem in Bettlergestalt gar nicht zusammen passt. Sein Vater korrigiert diese Bild:

> *„Ich bin kein Gott....sondern ich bin dein Vater..." (XVI, 187)*

Und Odysseus fährt fort, um eine realistische Sicht auf seine Person zu werben:

> *„Telemach, nun er daheim ist.*
> *Musst du den eigenen Vater*
> *Weder über die Maßen bestaunen noch auch*
> *bewundern" (XVI, 202f).*

Damit hilft Odysseus seinem Sohn, seine eigene Minderwertigkeit abzubauen, die er angesichts eines so großen und heldenhaften Vaters aufgebaut hat. Diese Entwertung der eigenen Person ist ja die Rückseite der zeitweise notwendigen Idealisierung eines Elternteils. Gegenüber dem göttergleichen Vater galt Telemach als Schwächling, der sich gegenüber den Freiern im elterlichen Palast nicht durchsetzen konnte. Wie konnte er auch die Rolle des Hausherrn übernehmen, wenn es keine Identifikationsfigur für ihn gab, außer dem idealisierten Bild des heldenhaften Vaters? Stattdessen war er damit beschäftigt, den Vater zu suchen. Deswegen hatte er seine erste große Reise unternommen, nach Sparta, um endlich den zu finden, von dem er sich ein eigenes Bild machen wollte. Vielleicht ist Odysseus auch auf Reisen gegangen, um endlich dem Druck des abwesenden Vaters zu entgehen, der in all den Ansprüchen, die ohne Worte auf ihn gerichtet waren, anwesend war. Diese Ansprüche gingen sicher auch von Penelope, seiner Mutter aus, die ihn unbewusst zum Mann an ihrer Seite gemacht hat.

Damit sind wir bei einem wichtigen beziehungspsychologischen Aspekt, der im dramatischen Dreieck von Odysseus, Penelope und Telemach sichtbar wird. Auch Penelope rückt jetzt in den Vordergrund. Sie ist keineswegs unschuldig, denn sie hat Telemach unbewusst an die Stelle des Vaters gesetzt und ihn damit in die Reihe der Feier eingereiht, von denen sie sich vordergründig distanzierte. Auf diese Weise fühlte sich Telemach aufgewertet und zugleich ohnmächtig, diese Rolle ausfüllen zu können. Er sieht sich jener typischen Doppelbotschaft ausgesetzt, die an Kinder gerichtet wird, die in eine ersatzpartnerschaftliche Position einem Elternteil gegenüber geraten: Einerseits fühlen sie sich großartig, weil der Elternteil, der sie an sich bindet, ihnen ohne Worte mitteilt: Du bist besser als dein Vater oder deine Mutter, schöner, einfühlsamer, schlauer, eben begehrenswerter. Andererseits wird ihnen damit aber auch gesagt: du bist nichts, ich achte dich nicht als mein Kind, ich nehme Dir dein Recht, Sohn und Tochter zu sein, und setzte dich stattdessen auf den Stuhl, der eigentlich deinem Vater oder deiner Mutter zukommt. Dieser narzisstische Missbrauch kann sich bis zum sexuellen Übergriff steigern mit der Folge, dass ein tiefes Schamgefühl in Sohn oder Tochter zurückbleibt. Diese Dynamik der von Bauriedl genannten ersatzpartnerschaftlichen Bindung kann dann entstehen, wenn die Dreierbeziehung zusammenbricht, weil ein Elternteil emotional oder real abwesend ist. Entweder hat sich dieser entfernt, hat vielleicht selber nicht gelernt, sich in einer Dreierbeziehung zu behaupten oder ist beruflich oder schicksalhaft, wie im Fall des

Odysseus, abwesend. Die Folge ist meistens, dass die entwicklungsfördernde Beziehungsdynamik zusammenbricht. Dies wiederum führt dazu, dass sich kein Dritter mehr zwischen die Beziehung Mutter-Sohn oder Vater-Tochter stellen kann. Erst wenn der abwesende oder ausgeschlossene Elternteil sich wieder einbringt, wird die verschlingende Zweierbeziehung zwischen einem Elternteil und dem Kind aufgebrochen. Dann kann sich das Kind wieder in der ihm zukommenden Position des ausgeschlossenen Dritten fühlen, was ja im Hinblick auf die elterliche Beziehung passend ist. Diese „Niederlage" des Kindes ist sein eigentlicher Sieg. Jetzt kann Sohn oder Tochter wieder in die andere Generation zurücktreten, muss nicht mehr einem Elternteil emotional zur Verfügung stehen und kann eigene Beziehungen zu Gleichaltrigen aufbauen. Genau von diesem notwendigen und heilsamen Zurücktreten erzählt unser Epos, verdichtet in der Szene des Bogenschießens. Penelope hatte ja angeordnet, dass derjenige von den Freiern ihr Mann werde, der mit dem Bogen des Odysseus zu treffen vermöge. Sie lässt zu, dass Telemach als erster zum Bogen greift, aber dreimal versagt. Erst beim vierten Versuch winkt Odysseus, der noch als Bettler verkleidet ist ab. Penelope verführt in gewisser Weise, indem sie zulässt, dass Telemach hätte treffen können und damit der Gatte an ihrer Seite geworden wäre. Von ihr geht also auch eine ihr selbst unbewusste Verführungsaktivität aus, den Sohn auf den Platz seines Vaters und ihres Gatten zu setzten. Hätte Telemach getroffen, wäre das eingetreten, dass im Drama des Ödipus geschehen ist: Die Beseitigung des Vaters durch den Sohn und die Heirat der Mutter. Dieses ödipale Drama von Vatermord und Mutterinzest wird verhindert durch den Eingriff des Odysseus, der ihm den Bogen aus der Hand nimmt. Damit sagt er seinem Sohn: Dieser Bogen gehört nur in meine Hand! Dies ist genau die Botschaft, die für den Sohn in dem Augenblick sicher kränkend ist und eine Niederlage bedeutet, jedoch in Wahrheit ein Sieg ist, der ihn zum Sohnsein befreit.

Diese Kapitulation des Sohnes führt zu einem neuen Verhältnis zwischen ihm und dem Vater, zu einem kreativen Arbeitsbündnis. Der Sohn macht jetzt nicht mehr dem Vater dessen Platz und Position streitig, der Vater seinerseits kann sich jetzt wieder um sich selbst kümmern und sich mit seinen noch nicht bearbeiteten und integrierten Selbstanteilen auseinandersetzen. Dafür steht der Kampf mit den Freiern.

Kampf mit den Freiern

Jetzt, nachdem Vater und Sohn den ihnen zukommenden Platz im Familiendreieck eingenommen haben, können sie gemeinsam kämpfen: Der Vater kämpft um den Platz an der Seite von Penelope und Telemach kämpft um die künftige Königsherrschaft, die er von seinem Vater übernehmen wird. Beziehungspsychologisch ist damit das beschädigte Dreieck wiederhergestellt, in dem jeder seinen Platz hat und das nicht von dem ödipalen Begehren geprägt ist, dem Anderen seinen Platz streitig zu machen. Odysseus wird der Herr des Bogens im Kampf um Penelope sein und nicht Telemach. Nach dieser familiendynamischen Platz-verteilung kann der Kampf beginnen. Odysseus leitet ihn ein, indem er am Abend die Mägde, die den Freiern zu Diensten standen, aus dem Saal verjagt und selber die Lichter entzündet. Er steckt den Freiern ein Licht auf, das diese aber nicht verstehen, wenn er dem Antinoos, ihrem Anführer, prophezeit:

„Käme Odysseus doch zurück in das Land seiner
Väter,
Sehr bald wären die Türen hier, obwohl sie so breit
sind,
Dir zu eng für die Flucht durch den Vorhof hinaus
aus dem Hause" (XVIII,384-386).

Danach wird der Saal verriegelt und Odysseus tötet mit einem ersten Schuss Antinoos, den Anführer der Freier. Beim weiteren Kampf unterstützen ihn sein Sohn, die beiden Hirten und seine Schutzgöttin Athene.

Was hier als grausames Gemetzel dargestellt ist, lässt sich lesen als ein letzter Kampf vor der Begegnung mit Penelope, der sich im Inneren des Odysseus abspielt. Wir haben ja bereits den Verlust der Gefährten auf seiner langen Reise als einen innerseelischen Integrations-prozess verstanden, indem er sich von Aspekten seiner Männlichkeit trennt, die nicht zu ihm gehören: Übermut, Ignorieren der Angst, dem Lustprinzip folgend, Grenzen vermeidend, Unsterblichkeitswahn. In den Freiern begegnet er sozusagen noch einmal seinen Gefährten. Sie stellen so etwas wie das kollektive Männlichkeitsbild dar, das in der Menge der Freier begegnet. Sie zeigen als Masse wenig individuelle Züge, sondern rotten sich zusammen in der Verbrüderung um das Begehren einer Frau. In der Gruppe der Freier regiert das Gesetzt der Masse: sie folgen einem Führer, dem Antinoos, dessen Name bedeutet: der gegen den Geist ist. Dieser geistlose Anführer macht die Gruppenmitglieder blind für ihre eigene Person und für das Bedürfnis nach Abgrenzung und Differenzierung. Wer sich dem Ziel der Gruppe anpasst, indem er sich dem Führer unterwirft, der wird anerkannt, wer sich abgrenzt oder nein sagt, der wird ausgestoßen. René Girard (1988) hat in seiner Theorie des Sündenbocks beschrieben, wie sich die Gewalt in solchen Gruppen aufbaut. Die Aggression steigert sich solange, bis einer als Sündenbock gefunden ist, auf den sich die Wut der Gruppe richten kann, um dann nach innen wieder Zusammenhalt zu finden. Telemach galt in der Gruppe der Freier als dieser Sündenbock, den sie immer wieder in einen Hinterhalt locken und beseitigen wollten. Der Grund, warum solche Gruppen Gewalt erzeugen, liegt nach Girard im Bedürfnis der Nachahmung. Jeder identifiziert sich mit dem Bedürfnis des Anderen und will auch das haben, was der Andere begehrt. So entsteht Rivalität ohne die Möglichkeit zum Loslassen. Und dieses Begehren richtet sich auf die Frauen. Bereits Freud hat in seiner Urhordentheorie in „Totem und Tabu" (1912/13) die Entstehung der Gewalt aus dem Kampf um die Frauen hergeleitet.

Die Gruppe der Freier, die im Epos als undifferenzierte Masse dargestellt wird, steht aber auch für unreflektierte und übernommene Normen, wie „Mann" zu sein hat. Von genau diesen kollektiven Normen von Männlichkeit, die auch Odysseus in sich trägt, muss er sich frei machen, um beweglich, situativ und flexibel in der Begegnung mit der Frau, mit Penelope, zu sein. Er kämpft mit diesen inneren kollektiven und festlegenden Bildern vom Mannsein und erledigt eins nach dem anderen. Er überwältigt das Ideal der Masse, wie ein Mann zu sein hat. Odysseus begegnet in den Freiern aber auch dem typisch männlichen Versuch, mit Verletzungen fertig zu werden, sich nämlich besonders männlich zu geben, ein Frauenheld zu sein und sich Frauen unterwürfig zu machen. Das findet Odysseus auch in sich: Auch er hatte den Wunsch in sich, Penelope untreu zu werden und andere Frauen zu besitzen wie Kirke und Kalypso.

Odysseus findet in diesem letzten Kampf zu sich selbst, indem er sich von den Selbstanteilsresten befreit, die ihn hindern, Penelope als seiner Frau auf Augenhöhe zu begegnen. Diese erkennt ihn nicht oder wendet sich bewusst von ihm ab, solange er noch mit Aspekten seiner Persönlichkeit identifiziert bleibt, die ihn fremdbestimmen und festlegen.

Auch Penelope muss sich mit ihren Vorstellungen, wie Männer sind und wie Frauen zu sein haben, auseinander setzen. In gewisser Weise machte sie ja mit den Freier gemeinsame Sache, wenn sie ihnen in Aussicht stellte, dass sie einen von ihnen zum Mann nehmen werden, wenn das Totenhemd für ihren Schwiegervater Laertes fertig sei, an dem sie tagsüber webte und dass sie nachts wieder aufreihte. Weben am Hemd des Schwiegervaters heißt, dass sie innerlich mit ihm beschäftigt ist und an ihrer Vateridentifizierung arbeitet. Vielleicht ist sie eine übersehene Tochter, vielleicht hat sie nicht die Aufmerksamkeit und Anerkennung ihres Vaters bekommen und bemüht sich als „Gefalltochter" so zu sein, wie sie glaubt, dass es Männern gefällt. Vielleicht ist sie aber auch eine mit dem Vater identifizierte Tochter, die den starken Willen hat, wie ein Mann zu sein und deren Weiblichkeit noch ganz unter dem väterlichen Blick und Gebot verborgen liegt. Dass sie dazu neigte, ihren Sohn Telemach für sich in eine ersatzpartnerschaftliche Bindung zu verwickeln, deutet darauf hin, dass sie noch nicht ganz bei sich selbst als Frau angekommen ist. Deshalb macht sie mit den Freiern gemeinsame Sache. Nur vordergründig tritt sie als die treue und duldende Ehefrau auf. Hintergründig-unbewusst ist sie Mitspielerin und stabilisiert die Männerbünde der Freier. Sie webt mit an deren Begehren, indem sie jeden Tag durch ihr Weben am Totenhemd des Schwiegervaters die Hoffnung in ihnen nährt, sie eines Tages zu besitzen. So gesehen ist Penelope Mitspielerin im Kampf mit den kollektiven Normen innerhalb der Männergruppe. Diese ist ja ohne den Gegenpol des Weiblichen nicht zu denken.

Beide, Odysseus und seine Frau, kämpfen mit je anderen Mitteln an der Überwindung der sie noch bestimmenden Normen von Weiblichkeit und Männlichkeit: Odysseus kämpft auf typisch männliche Weise: mit Pfeil und Bogen, Penelope mit dem „weiblichen" Webstuhl. Odysseus, indem er schießt und tötet, Penelope, indem sie das Webstück wieder auflöst. Beide Aktivitäten sind Formen der Wandlung und Integration von solchen Selbstaspekten, die eine gelungene Begegnung zwischen Mann und Frau verhindern.

Wiedersehen mit Penelope oder was Beziehung gelingen lässt

Auf das, was jetzt geschieht, scheint die ganze Odyssee hinauszulaufen: Auf das lang ersehnte und enthusiastische Zusammenfinden beider Partner. Aber es läuft anders. Es findet ein vorsichtiger, auch von Enttäuschungen begleiteter Wiederannäherungsprozess statt. Eurykleia bringt jetzt Penelope die Nachricht von der Ankunft ihres lange ersehnten Gemahls. Sie hat den Kampf mit den Freiern verschlafen. Athene hat dies bewirkt, so als solle sie nicht abgelenkt werden von der Begegnung mit dem Gatten. Sie betritt daraufhin die Halle, hält aber Abstand zum ihr noch fremden Odysseus. Den Impuls, auf ihn zuzugehen, hält sie zurück. Sie nimmt Platz an der gegen-überliegenden Seite des Saales, sodass der innere Abstand auch durch die Positionen im Raum ausgedrückt wird. Beide schweigen. Erst durch Vermittlung von Telemach kommt ein Gespräch zustande. Es ist ein Über-Eck-Gespräch, das hier erstmals in der Literatur auftaucht. Wie in einer Paartherapie brauchen beide Partner einen Dritten, über den sie sich verständigen können. Hier ist es Telemach, dem als Sohn natürlich nicht die Aufgabe zukommen sollte, zwischen den Eltern zu vermitteln. Es sind die Folgen der ersatzpartnerschaftlichen Bindung, in die der Sohn der Mutter gegenüber geraten ist: Er fühlt sich zuständig für das Gelingen der elterlichen Beziehung. Wenn wir von dieser Seite des Geschehens einmal absehen, dann erlaubt diese Anordnung zu Dritt, dass eine vorsichtige Annäherung stattfinden kann. Odysseus wirft seiner Frau Kälte und Distanz vor und zieht sich deshalb zunächst selbst in Schweigen zurück. Was mag wohl der Grund sein für diesen distanzierten und kühlen Kontakt, obwohl doch beide seit zwanzig Jahren auf diesen Augenblick hin gelebt haben? Vielleicht gerade deshalb. Weil sie beide Erwartungen haben, wie der andere sein soll und in diesen Erwartungen enttäuscht sind. Odysseus hat vielleicht gewünscht, dass ihm seine Frau voller Sehnsucht und Glück um den Hals fällt. Ihre Distanz kann er gar nicht verstehen, sie kränkt ihn mit ihrer Zurückhaltung, dass er sich ebenfalls ins Schweigen zurückzieht. Auch Penelope hat einen anderen Mann erwartet, nicht einen abgekämpften Krieger, dem noch Blut an den Händen klebt und dessen Körper gezeichnet ist vom Kampf mit den Freiern. Ihr Bild vom heimkehrenden Gatten sah anders aus: Sie wünschte sich einen strahlenden siegreichen Odysseus, wie sie ihn in Erinnerung hatte. Weil beide von ihren Erwartungen und Wünschen aneinander gebunden sind, können sie sich noch nicht öffnen für die Begegnung im Jetzt. Vielleicht haben bei gedacht, was viele Paare ihren Partner sagen, wenn Wünsche und Erwartungen nicht erfüllt werden: „Wenn du anders wärst, ginge es mir und ginge es uns besser".

In der Paartherapie dauert es oft lange, bis ein Paar die Unsinnigkeit dieses Satzes verstanden hat. Es geht erst weiter in der Beziehung, wenn jeder lernt, im Sosein des Anderen nicht mehr den Grund für das Unglück zu sehen, sondern bei sich selbst einzukehren und sich zu fragen, warum ich mich vom Anderen enttäuschen lasse? Dann besteht die Chance, die eigenen Wünsche und Erwartungen wahrzunehmen und zu begreifen, dass der Andere nicht zuständig ist, mir diese zu erfüllen. Dies geschieht meistens dadurch, dass jeder der Partner bei sich bleibt. Diese innere Trennungsarbeit ist oft die Voraussetzung dafür, dass man wieder aufeinander zugehen kann und nicht dem Anderen die Schuld an der schwierigen Situation gibt. Genau dies geschieht auch mit unserem Wiedersehens-Paar. Die erste Phase der schwierigen Wiederannäherung wird unterbrochen, beide verlassen den Raum. Odysseus nimmt ein Bad, wechselt die Kleider und tritt verwandelt vor Penelope. Diese Unterbrechung ermöglicht eine neue Beziehungsszene. Paaren tut das oft gut, wenn es nicht weitergeht in einem Gespräch, dieses zu stoppen, anstatt sich weiter in Vorwürfen und Rechthabereien zu verklammern. Manchmal braucht es nur ein paar Minuten, bis die Spiegelneuronen nicht mehr feuern und man nicht mehr so nah an den Gedanken und Gefühlen des Anderen dran ist, dass man den Kontakt zu sich selbst verliert. Erst wenn ein Paar den verklammernden Kampf aufgibt und wieder aus zwei innerlich getrennten Menschen besteht, kann es in Beziehung treten, sich verständigen und den Anderen als Anderen wahrnehmen und nicht nur als Projektionsfläche für eigene Wünsche und Bedürfnisse. Mit dem Wechsel der Räume und Kleider haben Penelope und Odysseus wieder mehr Kontakt zu sich selbst gefunden, ihre je eigene Enttäuschung wahrgenommen, ohne mit ihr identifiziert zu bleiben. Jetzt kann eine neue Beziehungsszene entstehen. Dies zeigt sich darin, dass sie jetzt zu zweit sind. Sie brauchen keinen Dritten mehr, sondern wollen sich direkt begegnen. Aber Penelope hält noch Abstand. So ist das manchmal, dass einer in der Beziehung für die Distanzwahrung zuständig ist, gerade dann, wenn der andere ausschließlich Nähewünsche hat. Vielleicht ist das bei unserem homerischen Paar auch so. Deshalb ist Odysseus, der nach Nähe hungert, so enttäuscht und überschüttet Penelope mit seinem Frust. Danach übernimmt er die distanzschaffende Seite und teilt ihr mit, er wolle sich erst einmal allein zur Ruhe begeben. Dadurch, dass sich Odysseus distanziert, sind die Karten neu gemischt. Jetzt kann sich Penelope wieder einlassen und kann auch ihren Wünschen nach Nähe und Wiedervereinigung Raum geben.

Dies geschieht allerdings über einen Umweg. Das Geheimnis des ehelichen Bettes muss zuerst gelüftet werden. Auf den Befehl, Eurykleia solle sein Bett aus dem Schlafzimmer schaffen und mit Bettzeug ausstatten, protestiert Odysseus, weil man sein Bett doch nicht verrücken könne. Er selbst habe es unverrückbar an den im Boden wurzelnden Stamm eines Olivenbaums gebaut, weshalb es fest stehe und nicht verschoben werden könne. Dieses Wissen weist ihn nun Penelope gegenüber als Ihren Mann aus und beseitigt ihren letzten Zweifel. Jetzt findet dass Drama des Sich-Wieder-Findens seinen Abschluss und Höhepunkt: Indem Penelope selbst das Rätsel des Ehebettes stellte und Odysseus nicht der Überlegene war, sondern sie die Position der Distanzhaltenden einnahm, konnte sie sich, nachdem sich diese gewohnten Rollen für einen Moment aufgelöst haben, von ihrer Gefühlen für diesen Mann überwältige lassen und ihm um den Hals fallen. Jetzt wird die Wiedervereinigung der lange Getrennten möglich, die sie in einer von Athene verlängerten Nacht begehen. Sie treffen sich körperlich in der sexuellen Vereinigung und seelisch, indem sie sich ausführlich ihre Erlebnisse der vergangenen zwanzig Jahre erzählen.

In dieser letzten Szene der geteilten Nacht kommt es zum sexuellen Liebesgenuss, aber auch zu seelischer Intimität. Letztere stellt sich in Paarbeziehungen her, wenn beide über das sprechen können, was sie innerlich bewegt. Diese Transparenz für den Anderen ist meistens nur dann möglich, wenn kein Partner in sich etwas spalten oder zurückhalten muss. Diese Integration ihrer dunklen Seite haben Penelope und Odysseus weitgehend geleistet, zum Schluss symbolisiert durch dem Kampf mit den Freiern. Was sie miteinander besprochen haben, schildert Homer nicht, das bleibt der Phantasie überlassen.

Durch die Abenteuer, die wir als Auseinandersetzung mit mächtigen Selbstanteilen verstanden haben, wird Odysseus reif für eine neue Begegnung mit Penelope, sozusagen auf Augenhöhe. Die Läuterung durch die bestandenen Konflikte hat ihn frei gemacht, Penelope als Frau zu wahrzunehmen, wie sie ist und nicht wie sie seinem Bild von ihr entspricht. Und Penelope hat sich frei gemacht, ihren Mann nicht durch die Brille ihrer Vatererfahrung zu sehen.

Zu dieser inneren Arbeit gehört auch, dass sich Penelope mit ihren eigenen Schattenseiten auseinandersetzen musste. Das wird im Epos selbst nicht erwähnt, weil Homer offensichtlich ein großes Interesse hatte, ein idealisiertes Bild von der Ehe zu entwerfen. Das unverrückbare Ehebett steht für dieses Ideal von der monogamen, dauerhaften Beziehung zwischen den Ehegatten. Ein so entworfenes Idealbild muss man natürlich auf dem Hintergrund der Bewusstseinsevolution verstehen: Es deutet auf einen kräftigen Individuationsschub hin, wenn die Idee einer dauerhafter Bindung zwischen Mann und Frau entsteht. Dies deshalb, weil es eigenständige Individuen sein müssen, die sich nicht austauschbar fühlen und sich deshalb auf eine dauerhafte Bindung einlassen können. Das ist natürlich die Idealvorstellung des Epos, denn die reale eheliche Beziehung zwischen Odysseus und Penelope verlief anders, viel weniger edel, wie Homer es glauben machen will. Tatsächlich haben sich beide so verhalten, wie sie es den Freiern vorwerfen. Odysseus hat sich auf Kirke und Kalypso eingelassen, er hatte der Überlieferung nach Kinder mit ihnen. Einen Sohn, Theogonos, den er mit Kirke gezeugt hat, wird Penelope nach dem Tod des Odysseus heiraten. Und auch Penelope hat sich mit den Freiern eingelassen, mit Antinoos zeugte auch sie ein außereheliches Kind.

Unser Paar besteht also keineswegs aus tugendhaften und über jeder Versuchung stehenden Eheleuten, sondern aus Fremdgehern, Ehebrechern und Geheimhaltern. Genau diese Schattenseite und deren Bewusstwerdung ermöglicht es, dass es zu einer gelungenen Beziehung zwischen beiden nach zwanzig Jahren kommt. Mit diesen dunklen Seiten haben sie sich in ihrem je verschiedenen Kampf mit den Freiern auseinandergesetzt.

Die Frucht dieser inneren Arbeit ist die, dass sie den nicht erledigten eigenen Anteil, die nicht akzeptierte dunkle Seite nicht auf den anderen projizieren und dort

163

bekämpfen müssen. Wenn in Paarbeziehungen die Projektionen nicht zurückgenommen werden, erstarrt ein Paar im Kampf. Im Anderen wird bekämpft, was man in sich selbst nicht sehen, geschweige denn akzeptieren kann. In Paartherapien ist schon viel gewonnen, wenn beide bereit sind, diese Projektionen zurückzunehmen. Wenn Paare nicht bereit sind, den Anderen nicht mehr für den eignen Zustand verantwortlich zu machen, kommt es über kurz oder lang entweder zur Trennung oder zur Kommunikation im Kampfmodus.

Die Fähigkeit in Paarbeziehungen, vor allem wenn es konflikthaft wird, bei sich selbst nachzuschauen und seinen eigenen Beitrag zu einer schwierigen Beziehungsszene wahrzunehmen, gelingt dann desto besser, je mehr ein Paar ein Bewusstsein davon entwickelt hat, dass sie beide nicht alleine die Beziehungsdynamik bestimmen, sondern dass immer vier weitere Personen, die jeweiligen Eltern, mit anwesend sind, wenn ein Paar in Beziehung tritt. Wenn es nicht gelingt, sich die grundlegenden Beziehungsmuster, die im Kontakt mit den Eltern aufgebaut und verinnerlicht wurden, zu verstehen und zu reflektieren, kommt es leicht zu Projektionen und Verzerrungen und damit zu Dauerkonflikten. Meistens verstehen beide Partner nicht, dass ihre Schwierigkeiten in den unbewussten Beziehungsmustern begründet sind. So oder ähnlich klingen dann die ersten Sätze eines Paares in der Therapie:

„Wir wollen doch beide, dass es zwischen uns klappt. Wir verstehen nicht, warum es uns nicht gelingt, den anderen glücklich zu machen. Vor allem in der Sexualität kommen wir nicht mehr zusammen, obwohl wir es beide wollen."

Beide sind hin- und her gerissen, ob sie sich auf eine Paartherapie einlassen sollen, weil sie glauben, es sei doch das normalste von der Welt, dass es zu klappen habe, wenn man nur wolle. Es braucht vier Sitzungen, bis das Paar sich durchgerungen hat, eine Therapie zu beginnen. Besser müsste man wohl sagen, sie haben mit der Einsicht, dass eine Therapie sinnvoll sei, schon einen wichtigen Therapieschritt hinter sich gebracht. Sie haben begonnen zu verstehen, dass eine Beziehung nicht automatisch, mit guten Willen unterfüttert, funktionieren muss. Damit ist ihnen aufgegangen, dass es alte, ihnen selbst nicht bewusste Beziehungsmuster sind, die sie in sich tragen, und die in dem Moment aktiviert werden, in denen sie sich nahe kommen. Sie begannen, sich mit der Beziehung zu ihren Eltern und mit deren Beziehung untereinander zu beschäftigen und wurden so freier, den Partner neu und anders wahrzunehmen.

Das war auch bei Odysseus und Penelope so. Deshalb musste sich Odysseus mit den Elternprägungen auseinander setzen, wie sie ihm in Polyphem, den Kikonen, Kalypso, Skylla und Charybdis und den Phäaken begegneten und Penelope sah sich in den Freiern mit ihrer Vaterbeziehung konfrontiert.

Wie kann man das verstehen, dass neben den realen Partnern vier weitere Personen mitspielen, auch wenn sie äußerlich abwesend oder vielleicht sogar schon gestorben sind? Wenn wir Menschen die Bühne dieser Welt betreten, bringen wir als Grundausstattung das genetische Erbe mit und die Erfahrung während der Schwangerschaft und um die Geburt. Unser genetisches Erbe ist so reich, dass es unendlich viele Möglichkeiten bereithält, die aktiviert werden können. Welche davon tatsächlich aktiviert werden, hängt von den Beziehungsangeboten ab, die uns

165

die Eltern, vor allem die Mutter macht. In Umgang mit ihr lernen wir, wie wir reagieren müssen, damit wir von ihr das bekommen, was wir brauchen: Nicht nur materiell als Nahrung, Pflege, Wärme, Sicherheit, sondern auch psychisch als das Gefühl, von der Mutter Resonanz zu bekommen und sie im Kontakt mit ihr auch zufrieden machen zu können. Aus der Säuglingsforschung wissen wir, dass Säuglinge bereits ihr Verhalten auf die Mutter abstimmen und zufrieden sind, wenn die Beziehung beide zufrieden stellt. Das Gefühl, selber benötigt zu sein und der Mutter etwas geben zu können, ist für den Säugling eine der bedeutendsten sozialen Erfahrungen. Wenn diese Erfahrungen mit den wichtigsten Beziehungspersonen von frühster Zeit an verinnerlicht werden, bilden sie die Basis für eine stabiles Selbstgefühl. Wenn jemand sich als gefragt und damit wertvoll erlebt hat, kann er sich selbstsicher fühlen, sich als wertvoll erleben und zur gesunden Selbstbehauptung fähig sein. Unsere seelische Struktur besteht aus einem ganzen Bündel von verinnerlichten Erlebnissen, die sich zu bestimmten Erlebnismustern und inneren Beziehungsmodellen verdichten. Grundlegende Voraussetzung dafür ist die Befriedigung unseres Bedürfnisses nach Bindung, Resonanz und der damit verbundenen Anerkennung unserer eigenen Bedeutung. Ein solches sich als wertvoll und bedeutsam erlebendes Kind wird auf dem Weg seiner weiteren Entwicklung und auch später als erwachsener Mensch immer mehr in der Lage sein, den unvollkommenen Zustand der sozialen und natürlichen Um- und Mitwelt anzunehmen. Diese Bereitschaft wird auch als Ambivalenztoleranz bezeichnet. Gemeint ist die Fähigkeit, in sich selbst und anderen Menschen die befriedigende „gute" und die versagende „böse" Seite als nebeneinander existierend zu akzeptieren und sie nicht

166

gegeneinander aufspalten zu müssen in eine nur „gute"
und eine nur „böse" Seite.

Ein weitere Fähigkeit eines sich seiner selbst
einigermaßen sicheren Menschen ist die Bereitschaft, die
Tatsache der „Vertreibung aus dem „Paradies" der
kindlichen Wünsche nach vollkommener Liebe und
sofortiger Befriedigung der Bedürfnisse körperlicher und
seelischer Art zu akzeptieren, ohne deswegen in Angst,
Verzweiflung und Panik zu verfallen. An die Stelle der
kindlichen Allmachtsphantasie, dass alles gut geht und die
Welt keine Hindernisse aufweist, tritt das sog.
Realitätsprinzip. Dass sich dies in einem Menschen
entwickelt hat, zeigt sich daran, dass die damit
verbundenen Versagungen, Konflikte und Spannungen
zunehmend mehr ausgehalten werden können. Die
Fähigkeit zu Kompromissen und differenzierten Lösungen
tritt an die Stelle destruktiver Aggression und Spaltung.
Damit verbunden ist auch die Entwicklung der
Liebesfähigkeit. Ein mit einem stabilen und sich seines
eigenen Wertes bewussten Selbst ausgestatteter Menschen
vermag an die Stelle des kindlichen Wunsches nach
passiver und vollkommener Liebe, die vom Partner als
ständige seelische Nahrung erwartet wird, die Bereitschaft
liebender Gegenseitigkeit setzten. Er sieht nicht nur seine
eigenen Wünsche, geliebt zu werden, sondern auch die des
Anderen und weiß, dass er nur von ihm erwarten kann,
was er selbst zu geben bereit ist. Mit dieser reifen
Liebesfähigkeit ist auch die Bereitschaft verbunden,
Zeiten der Lieblosigkeit und er abwesenden Liebe zu
ertragen, ohne die Beziehung grundsätzlich in Frage zu
stellen.

Was sich in der Paarbeziehung wiederholt ist aber nicht
nur das gelungene und gesunde innere Beziehungsmuster

eines stabilen und sicheren Selbst, sondern auch die Enttäuschung und Mangelerfahrungen, die sich zu pathologischen Beziehungsmustern steigern können. Sie werden aktualisiert, wenn jemand sich auf eine Paarbeziehung einlässt. In der Regel ist damit die unbewusste Hoffnung verbunden, dass die Enttäuschungen, Mängel und Defizite in der aktuellen Beziehung beseitigt werden. Was ist damit gemeint?

Die Beziehungsangebote der Eltern fügen dem Kind immer auch einen Mangel zu. Insofern ist die Idee von der glücklichen Kindheit auch eine Illusion. Damit verbunden sind Verletzungen, Kränkungen, die sich bis zur Traumatisierung steigern können und die verhindern, dass ein Kind ein stabiles tragendes inneres Selbstgefühl entwickelt. An die Stelle einer gesunden Selbstliebe tritt eine krankhafte Selbstsucht, wodurch Scham- und Minderwertigkeitsgefühle ebenso abgewehrt werden wie Angst, Hoffnungslosigkeit und die Gefahr des Selbstzerfalls. Ein Kind, das wegen mangelnder Resonanz, Anerkennung und Wertschätzung durch die frühen Beziehungspersonen die beschämende innere Über-zeugung aufgebaut hat, ein unbedeutendes Nichts zu sein, steht damit vor dem Konflikt, die Wut über diese Kränkungen und Verletzungen einerseits zu spüren, sie aber wegen der Gefahr des Liebesverlustes nicht zu zeigen. Denn immerhin ist das Kind von seinen Eltern abhängig und liebt sie. Deshalb kann es sich nicht erlauben, seine Wut auszudrücken, Diese wird dann aktiv versteckt und unterdrückt, verdrängt, wie die Psycho-analyse sagt. Aber im Vergessen liegt keine Lösung. Im Verborgenen wirken die Aggressionen fort und richten sich gegen das eigene Selbst. Über den Mechanismus der Projektion werden diese „bösen" Fremdkörper im eigenen Selbst auf andere übertragen und dort bekämpft. In dem

Augenblick, in dem wir eine Paarbeziehung eingehen, tauchen sie wieder auf. Bereits das Motiv für die Partnerwahl kann von dem geheimen Wunsch bestimmt sein, dass der Mensch, mit dem ich mich verbinde, geeignet ist, meine mir seelische Schmerzen zufügenden inneren Fremdkörper aufzufangen, meine Verletzungen zu sehen und mit ihnen einfühlsam umzugehen und sie letztlich heilen zu können. Dieser therapeutische Heilungswunsch überfordert natürlich jeden Partner und führt zu neuen Enttäuschungen und Verletzungen. Der Teufelskreis schließt sich. Durch Einsicht und emotionale Verarbeitung der Mängel und Einseitigkeiten in unserer Prägung durch Eltern und Familie kann er aufgebrochen werden.

Das spirituelle Ithaka

Schon nach einer Nacht mit Penelope muss Odysseus sie und sein Haus schon wieder verlassen. Er bricht auf zum Landgut seines alten Vaters Laertes. In einer Unterweltszene ziehen die Seelen der toten Freier an ihm vorbei. Danach zieht er mit seinem Vater zurück in die Stadt, wo es zu einer letzten konflikthaften Auseinandersetzung mit den Angehörigen der getöteten Freier kommt. In einer kurzen „Ein-Mann-Kampfszene" tötet der alte Laertes den Vater des Antinoos, des Anführers und Ersten der gefallenen Freier. Danach tritt Athene auf den Plan und stiftet ewigen Frieden, denn Zeus will Wohlstand, Sicherheit und eine friedliche Zukunft für das Volk von Ithaka.

Das Ende des Epos scheint kurz und bündig. Für die Protagonisten des Epos gibt es nicht mehr viel zu tun. Dafür tritt die zweite Ebene des Epos stärker ins

Bewusstsein, nämlich die Ebene der im Hintergrund handelnden und lenkenden Götter. Diese Götterwelt, hier vor allem Zeus, Athene und deren Gegenspieler Poseidon, bilden das transzendente Hintergrundrauschens des Epos. Die Stationen des Helden sind ja nur zu verstehen als die Außenseite dessen, was sich verborgen auf dem Olymp, dem Sitz der Götter, abspielt. Da das ganze Werk in der Zeit spielt, die dem mythischen Bewusstseinszustand der Menschheit angehört, konnte man sich die transzendente, übergeordnet Wirklichkeit, die Ebene des Seins im Gegensatz zu der des Handelns, nicht anderes als in personalen, menschlichen Göttergestalten vorstellen. Diese lesen sich vom heutigen Bewusstseinsstand wie Projektionen der Erfahrung einer anderen Wirklichkeit auf die Leinwand des Himmels bzw. des Olymps.

Diese andere Wirklichkeit des Seins übt einen starken Einfluss auf die Handelnden aus, vor allem auf Odysseus. Sie begegnet uns in den Prophezeiungen und Aufträgen der weisen Seher, vor allem des Teiresias. Schon als Odysseus nach Troja aufbrach, wurde ihm eine sichere Heimkehr in Aussicht gestellt. Kirke und Kalypso bestätigen diese Gewissheit. In kritischen Augenblicken bleibt die Gewissheit der Heimkehr unangetastet. Leiden, Verlust, Konflikt und Ausweglosigkeit begegnen dem Vielverschlagenen und Dulder immer wieder, aber Zweifel an der Heimkehr bestehen nie. Auch wo er den Untergang beim Seesturm vor Augen hat, erinnert er sich an Voraussage der Kalypso, seine Heimat zu erreichen. Odysseus kann sein vielfältiges Unglück tragen, weil er weiß, dass es nicht das letzte Wort hat.

Insofern kann man ihn einen gläubigen Menschen bezeichnen, nicht in einem traditionell religiösen Sinne, dass er an bestimmte Inhalte glaubt, sondern als

Gewissheit, nicht in ein Nichts zu fallen, sondern anzukommen, psychologisch bei Penelope seiner Frau, spirituell im Selbst und in der nicht-dualen Wirklichkeit. Während es auf der psychologischen Ebene eine zeitliche Abfolge gibt, fehlt diese auf der spirituellen Ebene, weil es hier kein Vorher und Nachher gibt, sondern Zeitlosigkeit besteht. So gesehen konnte er nur ankommen in Ithaka, weil er schon immer da war. Anders gesagt: Wenn man Ithaka nicht als Ort der Rückkehr, sondern als Chiffre für das spirituelle Selbst versteht, dann hat er diesen Ort schon in sich, als er aufbricht in den Krieg nach Troja. Dieses Selbst kann er gar nicht erreichen, weil es als Ziel bereits in ihm ist. Lediglich das Bewusstsein davon fehlt ihm, und dies zu erreichen ist Ziel seiner spirituellen Reise. Dies ist ja der große Irrtum, dem viele erliegen, die sich auf die spirituelle Suche begeben und glauben, es gäbe irgendwo das wahre Selbst zu finden. Mit dieser Täuschung haben sie den spirituellen Weg bereits verlassen. Das Irrtümliche an der Vorstellung, man könnte das Selbst finden, liegt in der Annahme, als käme dem Selbst irgendeine Realität zu.

Der vierte Individuationsschritt beginnt nun, nachdem die äußere und psychologische Reise an ihr Ziel gekommen ist. Diese Reise bestand darin, dass durch das Bestehen der vielfältigen Konflikte und das Durchleben komplizierter Beziehungsszenen das Ich so stark werden zu lassen, dass es beziehungsfähig geworden ist. Dieses Ich ist offenbar jetzt bereit, sich einer anderen, vielleicht viel schwierigeren Aufgabe zu stellen.

Dass es sich bei dem, was nun folgt, um eine spirituelle Reise handelt, wird schon im Epos selbst dadurch deutlich, das der Text des Werkes relativ abrupt und knapp endet mit dem Frieden, den Athene stiftet. Das lädt den Leser ein, sich vorzustellen, wie es denn nun weitergehen könnte und man erinnert sich an den Auftrag, den Odysseus von Teiresias in der Unterwelt erhalten hat, nachdem er diese auf Geheiß der Kirke aufgesucht hatte.

> *„Wandere dann über Land, ein handliches Ruder ergreifend,*
> *Bis du zu solchen Leuten gelangst, die vom Meere nichts wissen .*
> *Und die keine mit Salz gewürzten Speisen verzehren;.....*
> *Dann stoß fest hinein in die Erde das handliche Ruder;*
> *Und bring heilige Opfer dar dem Herrscher Poseidon,*
> *...und es wird dir ferne dem Meere*
> *Dann recht sanft sich nahen der Tod; du wirst ihm erliegen,*
> *Schon von stattlichem Alter gebeugt“ (11, 120-135).*

Vielleicht steht jetzt die größte Herausforderung an, nämlich sein Ruder zu nehmen, mit dem er die Meere durchfahren hat, und über Land zu gehen, soweit, bis er zu den Menschen kommt, die das Meer nicht mehr kennen und ihre Speisen mit Salz nicht mehr würzen.

Jetzt geht es um die Grundfrage der menschlichen Existenz, um die Auseinandersetzung mit dem eigenen Tod. Der Text des Homer berichtet nicht mehr davon, jedenfalls nicht in der Abfolge der Ereignisse. Sicher steht das Land, auf dem er jetzt gehen muss, zunächst für den Alltag, der nun auf den Helden wartet. Es ist die Zeit ohne Höhepunkte und Gefahren, die nun anbricht. Odysseus war es gewohnt, sich „auf dem Meer“ in Abenteuern und Herausforderungen zu erproben, er hat immer neue Höhe-

und Tiefpunkte erlebt. Aber die Mühsal der Ebene, die Zeit der Alltäglichkeit zu erleben, ist eine andere, für ihn ungewohnte Herausforderung. Vielleicht droht im jetzt das, was man die midlife crisis nennt. Soll es das gewesen sein? Im Bestehen von Abenteuern ist er erprobt, so wie mancher erfolgreiche Mann es gewohnt ist, Herausforderungen in der Außenwelt zu meistern, aber völlig hilflos reagiert, wenn außen nichts mehr zu tun ist. Jetzt will der Blick nach innen gelegt werden, es bedarf jetzt anderer Anforderungen als Erfolg und Heldenmut wie in der Bewältigung der äußeren Lebensaufgaben.

Vom Meer des Handelns ins Land des Seins

Damit stellt sich dem Odysseus eine Aufgabe, die nur spirituell zu bewältigen ist. Auf dem Meer der Abenteuer und der Konflikte hat er sich bewährt, jetzt geht es darum, in einen Bereich vorzudringen, in dem es nicht um die Lösung von unbewussten Konflikten geht, sondern um das Leben im Land des Seins. Auf dem Meer ist Handeln gefragt, jetzt geht es darum, Orientierung zu finden im Land, wo die Menschen keine salzigen Speisen essen, wo die gewohnte Würze fehlt, wo äußerlich nichts zu tun und zu lösen ist. Es ist das Leben im Jetzt, in dem es kein Ankommen und kein Aufbrechen gibt, weil wir immer schon da sind, wohin wir aufbrechen möchten. Um dieses neue Sein zu erreichen, muss er etwas von seiner abenteuererprobten Lebensweise aufgeben: er soll sein Ruder, mit dem er die Meere durchquert hat und das zum Symbol seiner lösungsorientierten Haltung geworden ist, in das Land stecken. Indem er dies tut, errichtet er sozusagen ein Zeichen der Versöhnung von Meer und Land, von tätigem und kontemplativem Leben. Das an Land aufgerichtete Ruder wird damit zu einem

Vereinigungssymbol von zuvor getrennten Welten: Meer und Land. Beide werden in ihrer symbolischen Vereinigung zum Ausdruck eines neuen Bewusstseins, in dem nicht mehr Dualität, sondern Verbundenheit oder besser Nicht-Dualität vorherrschen. Mit dem Gehen an Land wäre spirituell also die das eigene Ich übersteigende Wirklichkeit gemeint, in der die Dinge nicht mehr getrennt sind, in der es kein Vorher und Nachher gibt, in der Ich und Selbst und Sein eine Einheit geworden sind.

Zuvor aber sollte Odysseus dem Poseidon das dreifache Opfer darbringen: einen Widder, einen Stier und einen Eber. Poseidon war der Gott, der immer wieder seine Heimkehr hintertrieben und ihm immer neues Unglück geschickt hat. Dieses vordergründige Unglück erweist sich im Nachhinein als seine Bewährung. Indem er Poseidon opfert, dankt er ihm für seine Aktionen. Das klingt so als wolle er sagen: „Deine Querschläge und Hindernisse waren eine Herausforderung, ohne die ich nicht der geworden wäre, der ich jetzt bin". Das Durchleben und Bewältigen dieser Gefahren wurde zu seiner Stärke. Im Opfer zeigt Odysseus, dass er mit seinem realen Weg versöhnt ist. Manchmal ist diese dankbare Akzeptanz die Frucht spiritueller Erfahrungen, manchmal aber auch der Grund, sich diesen zuzuwenden.

Wenn wir das „Gehen an Land" als Chiffre für das Ankommen in der nicht-dualen Wirklichkeit verstehen, sind wir im Zentrum der Weisheitslehren der Menschheit. Diese weisen immer wieder darauf hin, dass die Ewigkeit des Augenblicks weder eine philosophische Ansicht noch eine religiöse Lehre ist, sondern eine Erfahrung, die jedem jederzeit zugänglich ist, wenn er sich freimacht von den verstandesmäßigen inneren Verbindungen mit der Vergangenheit und frei wird für die Zeitlosigkeit und

Gegenwärtigkeit des Augenblicks. Auch dafür steht das weite Land, dass nicht vom Meer begrenzt wird. Bleiben wir noch einen Moment bei diesem Jetzt, in das Odysseus eingetreten ist.

Es stellt sich die Frage, was denn das Jetzt ist. Wenn es ewig ist, dürfte es keinen Anfang und kein Ende haben. Aber auch das wäre wieder zeitlich gedacht. *Ewiges Jetzt wäre dann die ins Unendliche verlängerte Zeitvorstellung.* Im ewigen Jetzt gibt es aber weder Anfang noch Ende, weil im ewigen Jetzt die zeitliche Aufeinanderfolge zusammenfällt. Da die meisten Menschen aber allzu sehr mit Vergangenheit und Gegenwart beschäftigt sind, vermögen sie den Augenblick nur flüchtig wahrzunehmen. Diese nur momenthafte Wahrnehmung der Gegenwart nennen die Mystiker das *nunc fluens*, das fließende Jetzt, der Augenblick, der „im Nu" vergeht. Der Grund, warum wir in der Regel den Augenblick als flüchtig erleben, ist das Gedächtnis, das uns an die Vergangenheit bindet.

Um den flüchtigen Augenblick, wie ihn die meisten Menschen wegen ihrer Fixierung auf Vergangenheit und Zukunft erleben, das *nunc fluens* also, vom zeitlosen Jetzt zu unterscheiden, sprechen die Mystiker wie Meister Eckhart vom *nunc stans*, dem stehenden Jetzt, eine Unterscheidung, die die christlichen Mystiker von dem spätantiken römischen Philosophen Boethius übernommen haben. Dieses ewige, stehende Jetzt löst die Zeit nicht auf, sondern bildet den Hintergrund, auf dem sich die psychologische Zeit abspielt. Ein Bewusstseins vom ewigen Jetzt zu erlangen heißt, mit dem nicht-dualen Sein eins geworden zu sein, denn das ewige, zeitlose Sein und das stehende Jetzt sind ebenso identisch wie das absolute Selbst und der Augenblick. Durch beobachtende Gegenwärtigkeit hat sich das Selbst aus dem relativen, psychologischen Ich, der dualen Wirklichkeit, herausgebildet und stellt damit den Hintergrund und den Rahmen dar, in dem sich das Ich bewegt. In den Metaphern von „Meer" – der fließender Zeit – und „Land" – der stehenden Zeit – wird diese Polarität von Handeln und Sein, von Zeit und Zeitlosigkeit, von Ich und Selbst am Ende der Odyssee symbolisch verschlüsselt zum Ausdruck gebracht.

Dieses Selbst bildet nunmehr den permanenten Hintergrund, auf dem sich das Ich bewegt. Dieses Jetzt-Selbst bezeichnet den Zustand der Allverbundenheit, einen Modus des Existierens, der gerade in der Überwindung der ichhaften Identifizierungen mit Gedanken über sich selbst besteht. Dieses absolute Selbst wäre also ein Ichzustand, der dem Ich die Aufmerksamkeit entzieht und damit das Verhaftet-Sein an Gedanken über die Vergangenheit auflöst. Genau genommen müsste man sagen, dass es eben kein Ichzustand, sondern ein Selbstzustand ist, weil gerade die Ichhaftigkeit im Sinne der Identifizierung überwunden wird. Spirituell geübte Menschen haben diesen zeitlosen Hintergrund, ihr Selbst, zur Verfügung und können jederzeit mit diesem Jetzt in Verbindung treten durch die Praxis der Aufmerksamkeitsbesetzung und Achtsamkeit.

Besonders bei gesellschaftlich geprägten und vorgegebenen Normen, wie „man" zu sein hat, etwa als Mann oder Frau, zeigt sich die befreiende Wirkung, wenn ein solcher Selbstzustand, das absolute Selbst, aktiviert wird und sich die Identifizierungen mit einengenden und festlegenden Identitätskonzepten lockern können. Ganz praktisch zeigt sich die heilsame Wirkung des Lebens im Jetzt bei Schmerzzuständen, psychischen Symptomen und Angststörungen. Bei Schmerzpatienten etwa hat sich gezeigt, wie sehr die Identifikation mit dem Schmerz fehlende Bindungen ersetzt. Etwa 70% dieses Klientels sind nach dem Bindungskonzept von Bowlby unsicher gebunden sind (Egle 2003). Die mangelnde Bindung wird offenbar durch die „Bindung" an den Schmerz kompensatorisch ersetzt. Dadurch bekommt der Schmerz eine stabilisierende emotionale Bedeutung, die nicht einfach losgelassen werden kann, auch wenn jemand bewusst und willentlich seinen Schmerz hinter sich lassen möchte. In der Psychotherapie ist es die allmählich aufgebaute Bindung an den Therapeuten, die den Schmerz überflüssig machen soll. Wenn beide, Therapeut und Patient, sich jenseits der personellen Bindung an ein unzerstörbares Objekt, also an das nicht-duale Sein gebunden fühlen, bekommt die Arbeit der Deidentifikation mit dem Schmerz noch einen neuen Schub. Die Sicherheit der unzerstörbaren nicht-dualen Wirklichkeit bildet eine motivationale Basis, die Identifikation mit dem Schmerz oder mit anderen unheilvollen Identifizierungen aufzugeben.

Als besonders hilfreich für die Aktivierung des absoluten Selbst scheint mir eine Technik, die ich als *dekonstruierendes Fragen* bezeichnet habe (Funke 2011). Das dekonstruierende Moment des Fragens bezieht sich darauf, sich die Illusion bewusst zu machen, die entsteht, wenn wir Substantive benutzen für innere Vorgänge und Prozesse. Diese Substantivierung fördert die Identifizierung mit vergangenen Gedanken. Solches Fragen wird auch in der Mystik praktiziert wird. Ich erinnere noch einmal an den Vers von Sri Ramana Maharshi (1996):

> *„Doch forscht man wer es ist, der sich gebunden fühlt,*
> *bleibt nur das Selbst"* (39)

Die Frage nach dem „Wer" offenbart den Illusionscharakter des Glaubens an den vermeintlichen Realitätsgehalt der Substantive. Alles spielt sich im Selbst ab.

Das „Über-Land-Gehen" des Odysseus verstehe ich als eine zutiefst mystische Erfahrung, da dieses „Land" jenseits seiner Heimat Ithaka kein personaler Ort ist, sondern „hinter" jeder personalen Beziehung liegt als der Kontakt zum nicht-dualen Sein und zum absoluten Selbst. Dieses Land ist unzerstörbar, weil es weder aus Vergangenheit noch aus Beziehungen und deren Repräsentanzen im Ich gebaut ist. Es überdauert selbst den Tod, da es nicht ans Ich gebunden ist, denn nur das Ich kann sterben. Das absolute Selbst hingegen liegt hinter dem Sterben, während der Tod zum Bereich der dualen Welt der Form gehört und Raum und Zeit unterliegt.

Es gibt oft Momente im Alltag, in denen die Gewissheit eines solchen Landes für einen Moment aufleuchtet. Der Rückzug in diesen hintergründigen Raum ist keine Re-gression und keine Flucht, sondern eine Trans-gression, ein Überschreiten zum absoluten Selbst. Aus dessen Perspektive erscheinen die Konflikte in Beziehungen, die Ängste und Schmerzen, kurz die Leiden des Ichs als Illusionen, von denen selbst der Tod nicht ausgenommen ist. Dieses Bei-sich-selbst-sein-Können entsteht durch die Gewissheit der Verbundenheit mit dem Ganzen, denn das Land hinter dem Zuhause ist nicht Teil des empirischen Ichs, sondern Bild für das Ganze.

Die Fähigkeit, sich in dieses Land der nicht-dualen Wirklichkeit zurückziehen können, in dem es kein Ich und kein Du mehr gibt, ermöglicht es, in Beziehungen den gewöhnlichen Kampf um richtige Sichtweisen

178

aufzugeben. Der erste Schritt ist die Rücknahme der Projektion. So kann z. B. der Vorwurf „Du verletzt mich", wie er in Beziehungen auftaucht, dadurch entschärft werden kann, dass dem Betreffenden klar wird, dass nur er sich verletzen lassen kann durch die Verhaltensweisen des Anderen. Die Bereitschaft, zu erkennen, dass es eine Illusion ist, dass der Andere einen verletzt, bricht den Teufelskreis von Schuldzuweisung und Rechtfertigung auf. Dann wird plötzlich der eigene Schmerz gespürt und begriffen, dass durch das Verhalten des Anderen und die eigene spezifische Verletzungsbereitschaft eine alte Wunde aufgerissen wurde, die immer wieder eine neue Bühne sucht. Hier wirkt die Deidentifizierung heilsam, wenn sich jemand auf das Jetzt einlässt und zu neuen Erfahrungen bereit ist, d. h. wenn die Identifizierung mit alten Erfahrungen aufgeben wird. Dann ist es nicht mehr die eigene Verletzung, die ihn agieren lässt, sondern der Abstand zu ihr erlaubt es, zu denken, dass der Andere ein Problem hat, vielleicht eines, dass dem eigenen Schmerz sehr ähnlich ist, und deshalb er deshalb so handelt, wie er handelt. Dadurch entsteht einerseits Differenzierung durch innere Trennungsarbeit und andererseits ein Verbundenheitsgefühl über die Erfahrung, dass beide aus einer alten Verletzung heraus handeln bzw. reagieren. Indem dies bewusst wird, ist die alte Identifizierung mit einem vergangenen Schmerz aufgelöst und es entsteht Raum für Neues im Jetzt. Ich möchte abschließend einige Gedanken zum Tod entwickeln, indem ich die Prophezeiung des Teiresias aufgreife. Ich tue dies auch deshalb, weil gerade die Frage des Todes jenes Feld ist, auf dem die spirituelle Sicht ihre meisten Früchte trägt.

179

„...*dann naht recht sanft der Tod*"

Durch Teiresias wird Odysseus in Aussicht gestellt, das er eines friedlichen Todes sterben werde, wenn er die Schritte über Land, also das Leben im Sein und im Jetzt, riskiert. Der Tod hat seinen Schrecken verloren, weil vom Standpunkt des Jetzt der Tod tatsächlich nicht existiert. Das ist die letzte spirituelle Aufgabe, die sich Odysseus nach Bestehen und Durchleben aller Konflikte stellt. Sie ist die Frucht des Lebens „an Land", also des Leben im Jetzt. Was kann mit dem sanften Tod gemeint sein?

Die folgenden Hinweise sind sehr subjektiv, sie gründen nicht mehr im Text der Odyssee, sondern sind sozusagen eine persönliche Weiterdichtung. Man könnte das Bild vom „sanften Tod" einfach verstehen als ein friedliches Einschlafen ohne Schmerzen und ohne Widerstand, ein akzeptierter Tod nach einem ausgetrunkenen Lebenskelch. Vielleicht haben das die Menschen in der Zeit um Homer auch so erlebt. Heute aber haben wir einen erheblichen Bewusstseinswandel hinter uns, was die Vorstellung vom Tod betrifft. Der Tod erscheint den meisten eher als ein Gegenüber, den zu akzeptieren man kaum bereit ist und der deswegen auch nicht sanft sein kann. Dies hängt mit der typisch westlichen Einstellung zusammen: Im Getrenntheitsdenken werden die Phänomene der eigenen Existenz, zu denen der Tod gehört, so behandelt, als wären sie vom Subjekt getrennte Phänomene. Aus dieser Getrenntheit entsteht Angst und der Tod erscheint als ein Übel. Folge des dualen Denkens ist, dass der Tod als etwas zu Meidendes und Angstmachendes erlebt wird. Er wird weniger als Teil des Lebensprozesses wahrgenommen, als vielmehr als dessen jähes Ende. Bestenfalls bei einem langen Leiden wird der Tod als willkommener Erlöser gesehen.

Im Getrennntheitsdenken wird der Tod als Gegenüber wahrgenommen und muss besiegt werden. Darin stimmen das christlich-religiöse und das moderne-säkulare Denken überein. Der Unterschied besteht darin, dass das christliche Denken den Tod durch die Auferstehung Jesu besiegt sieht. Das moderne Denken hingegen erledigt ihn durch moderne Praktiken der Unsterblichkeit wie ständige Selbstoptimierung, exzessive Gesundheitsideale und grenzenlose, ewige Kommunikation durch das Netz. Diese Strategien nähren die Phantasie, ewig zu leben. Die Vorstellung von Ewigkeit wird dabei aber irrtümlich als eine Art Verlängerung der Zeit verstanden. Die zeitliche Vorstellung ist aber das Feld, in dem die Dinge getrennt wahrgenommen werden. Sie gaukelt vor, dass, wenn der Tod besiegt wäre, wir ewig lebten. Demgegenüber betonen die Mystiker, dass die Unsterblichkeit im Jetzt liegt, d. h. in der Erkenntnis, dass Geburt und Tod keine verschiednen Gegebenheiten sind, sind nur zwei Aspekte eines einzigen unteilbaren Lebens. Geburt ist Tod und Tod ist Geburt.

Bevor wir uns dieser Sicht weiter zuwenden, möchte ich noch etwas genauer darüber nachdenken, was wir eigentlich meinen, wenn wir vom Tod sprechen. Dazu hilft der berühmte Satz des römischen Philosophen Epikur:

> *So ist also der Tod das schauervollste Übel, für uns ein Nichts; wenn wir da sind, ist der Tod nicht da, aber wenn der Tod da ist, sind wir nicht mehr. Er geht also weder die Lebenden noch die Gestorbenen an; für die einen ist er ja nicht vorhanden, die anderen aber sind für ihn nicht mehr vorhanden" (Epikur, Philosophie der Freude, zit. nach Baumann 1995, 85f).*

181

Wie wir Menschen den Tod sehen, hängt davon ab, wie wir uns selbst und die Welt wahrnehmen. Auch bei Epikur begegnet eine Weltsicht, die den Tod als etwas Faktisches sieht, wie ein Objekt, das da sein kann. Genau genommen kann aber der Tod kein Objekt sein, sondern bestenfalls eine Erfahrung. Was wir also meinen, wenn wir vom Tod sprechen, ist die Erfahrung des Sterbens, also einen Prozess, den man als Wandlung von einem organischen zu einem anorganischen Zustand beschreiben kann. Den Zustand der Unbelebtheit bezeichnen wir dann als Tod. Wenn man dann noch, wie Epikur, den Tod mit dem Nichts gleichsetzt, dann wird sichtbar, dass wir für Zustände jenseits der materiellen Existenz kaum Vorstellungen entwickelt haben. Die Rede von der unsterblichen Seele wäre dann als Versuch zu verstehen, diese andere Dimension festzuhalten. Jedoch unterstellt das Substantiv Seele auch schon wieder die Vorstellung von etwas substantielle Gegebenen, etwas Objektivem. Entsprechend kann man dann spekulieren, was mit der unsterblichen Seele alles geschieht. Aber eine unsterbliche Seele, die es gibt, kann es nicht geben, da „geben" eine raum-zeitliche Vorstellung unterstellt. Die Rede von der unsterblichen Seele meint aber gerade eine Seinsweise außerhalb von Raum und Zeit in der nicht-dualen Wirklichkeit, in der es nichts „gibt".

Dass wir uns den Tod als ein Gegenüber, etwas von uns selbst Getrenntes und damit also etwas Existierendes vorstellen, hängt mit unserer Sprache und einer bestimmten Tradition der westlichen Philosophie zusammen, die man die sog. Substanzphilosophie nennt.

Die Verwechselung von Substanz und Subjekt

„Tod" ist ein Substantiv. In der abendländischen Tradition haben wir uns daran gewöhnt, Substantive für selbständig existierende Gebilde zu halten, so als käme ihnen eine unabhängige substanzielle Existenz zu. Wenn wir Prozesse und Entwicklungen zu beschreiben versuchen, benutzen wir in der Regel Substantive. So wird der Vorgang des Zur-Welt-Kommens mit dem Substantiv „Geburt" bezeichnet, der Prozess der Wandlung am Ende des Lebens als „Tod". Diese Substantive suggerieren, als seien damit eine Art Ding oder eine Substanz gemeint, eine seinsmäßige Realität, die es beim genaueren Hinschauen so aber nicht gibt. Substantive werden eben häufig mit Objekten oder Substanzen verwechselt. Sie erzeugen in uns das Bild einer objektiven Realität und wir durchschauen nicht mehr ihren Illusionscharakter. So ist es auch mit dem „Tod". Wenn wir das Substantiv benutzen, erzeugt es in uns die Vorstellung, als gäbe es diesen Tod in der gleichen Weise, wie es den Stuhl gibt, auf dem wir gerade sitzen.

Diese Verdinglichung des Todes lässt vergessen, dass es sich dabei um einen Prozess handelt. Wie man diesen Prozess zeitlich und inhaltlich definiert, ist eine Frage des Standpunktes und der Zweckmäßigkeit. In der Medizin ist es sinnvoll, damit die letzte Phase des Lebens zu beschreiben, wenn der Zeitpunkt des Versagens der Vitalfunktionen unumkehrbar ist. In der medizinischen Sterbeforschung wird vor allem das Zusammentreffen von subjektivem Sterbebewusstsein und objektiven Faktoren hingewiesen. In der philosophischen oder allgemein menschlichen Reflexion kann man sagen, dass der Prozess des Sterbens mit der Geburt beginnt und das Leben selbst als ein permanentes Loslassen und Sterben begriffen wird.

Dennoch macht es einen Sinn, vom Tod zu sprechen, aber nur, wenn wir ihn unterscheiden vom Prozess des Sterbens. Dieser ist ein Vorgang, in dem die Vitalfunktionen wie Atmung, neuronale Prozesse, Blutkreislauf, Stoffwechsel und Temperaturregulation allmählich nachlassen und schließlich ihre Funktion einstellen. Der Tod als abstrakter Begriff bezeichnet lediglich die Grenze zwischen dem von seinen Vitalfunktionen lebendig gehaltenen Körper und dem toten Körper. Diese Grenze ist wiederum keine objektive, dinghafte Wirklichkeit, sondern ein mentales Konstrukt, mit dem wir zwei Körperzustände zu unterscheiden versuchen. Aus der Untersuchung Sterbender wissen wir, dass auch diese Vorstellung von Grenze sehr relativ ist. Der Herztod kann eingetreten sein, andere Funktionen sind noch vorhanden. Auch der Hirntod ist nicht ein so eindeutiges Kriterium zu Feststellung der Grenze von lebendig und tot. Die biologische und philosophische Diskussion der letzten Jahrzehnte hat keine Eindeutigkeit ergeben, wie denn der Tod des Einzelnen zu definieren sei (vgl. Wittkowski/Strenge 2011).

Schon von diesem Gedanken her erweist sich die Vorstellung des Todes als Illusion, weil ihr keine seinsmäßige Realität entspricht. Den Tod als Synonym für Grenze im Sinne eines mentalen Konstrukts zu verstehen, wäre ein Zugeständnis an ein Denken, welches unterscheidet und differenziert. Im Bereich der empirischen Realitäten kann der Mensch ohne solche Konstrukte nicht leben, aber er braucht gleichzeitig ein Bewusstsein davon, dass es eben Modellvorstellungen seines Geistes sind.

Die Annahme, dass es den Tod „gibt", ist als Konstrukt ein Konglomerat von historisch und kulturell gewachsenen

Vorstellungen über den unvermeidlichen Prozess des Sterbens. Dass solche sozialen Konstrukte den Anschein des Objektiven und Wirklichen bekommen, liegt daran, dass sie von vielen geteilt werden und durch gesellschaftliche Riten und symbolische Vorstellungen abgedeckt werden. Diese auf den Konstruktivismus zurückgehende Sicht führt uns natürlich nicht weiter in der Frage, was mit dem einzelnen Menschen passiert, der stirbt. Aber sie hilft uns zu verstehen, dass unsere Vorstellungen davon Konstruktionen des menschlichen Geistes sind. Dies zu übersehen wäre wie eine Landkarte mit dem Land zu verwechseln. Insofern bewahrt sie davor, Modelle voreilig mit der Wirklichkeit gleichzusetzen und sie für objektiv Gegeben zu halten, wenngleich durch den gesellschaftlichen Gebrauch solcher Vorstellungen der Eindruck von Objektivität und Allgemeingültigkeit entsteht. Diese als Illusion zu verstehen lehrt die sozialkonstruktivistische Sicht, wie sie Berger und Luckmann (1969) mit ihrem wissenssoziologischen Konzept der „gesellschaftlichen Konstruktion der Wirklichkeit" entwickelt haben.

Die spirituelle Sicht auf den Tod

In den mystischen Traditionen wird der Tod im Rahmen eines übergeordneten, nicht-dualen Bewusstseins verhandelt. Der Tod als Gegenüber oder als zeitliches Ende des Lebens existiert nur in einem Bewusst-seinsmodus, welcher von der dualen Getrenntheit von Individuum und Leben ausgeht. Diese Getrenntheit als Illusion zu erkennen ist das umfassende Ziel aller östlichen und westlichen Weisheitslehren. Die nicht-duale Sichtweise einzunehmen ist in den mystischen Traditionen keine kognitive Leistung unseres Denkens, sondern beruht auf Erleuchtung und Erfahrung. Weil sie nicht das Ergebnis des Denkens ist, kann man an sie auch nicht glauben. Glauben „an etwas" bewegt sich im Modus der Subjekt-Objekt-Spaltung, die ja gerade im mystischen Erlebnis überwunden wird. Deshalb kann man über diese Erfahrung auch schlecht sprechen, denn wenn wir Worte benutzen, bewegen wir uns im Raum der Dualität von Subjekt und Objekt.

Im weisheitlichen Bewusstsein gibt es keine Differenz und keine Grenze. Im Gegenteil, die Erfahrung von Grenzen und Differenzen wird als ein mentales Problem angesehen, dem nichts Wirkliches – außer dem Mentalen – entspricht. Grenzen kommen in der Natur nicht vor, alles ist mit allem verbunden. Dies ist auch der Zustand, von dem die Bewusstseinsevolution ausgeht. Ken Wilber (1991) spricht von der „Urgrenze", die dadurch entsteht, dass es eine Spaltung gibt von Sehenden und Gesehenem, von Wissenden und Gewusstem, von Subjekt und Objekt. Erst durch die Grenze entsteht so etwas wie Unterscheidung, Differenz, Beziehung. Dies ist die Geburtstunde des Individuums, welches sich von seiner Umwelt unterscheidet und davon ein Bewusstsein entwickelt. Die großen Schöpfungsmythen, vor allem der jüdisch-christliche vom Paradies und der Vertreibung daraus, erzählen diesen Verlust der Ureinheit und Gottgemeinschaft. Sie erzählen ihn als hochambivalenten Vorgang, weil er einerseits die glückliche Geburtstunde des menschlichen Ichs reflektiert, anderseits mit dieser Geburt den Ursprung des Leidens markiert, das sich aus der Getrenntheit ergibt.

Die Geburtsstunde des Individuums erzeugt nach Ansicht der Weisheitslehrer, dass sich das Individuum nun mit seinem Körper als Träger des Ichs identifiziert und damit alles, was außerhalb seines Körpers ist, zu einem Außen erklärt, dem er sich gegenüber sieht. Er vergisst, dass er einmal mit all dem verbunden war. Der Mensch erlebt sich dann nicht mehr als Teil der Welt, sondern sieht sich ihr gegenüber. Er fühlt sich hineingeworfen in die Welt, wie die Existentialisten sagen. Die Welt außerhalb seiner selbst wird zur Bedrohung, die einengt, feindlich gesinnt ist, verschlingt oder jedenfalls nicht trägt. Um dieser Gefahr zur entgehen, macht sich der Mensch selbst zum Herren der Welt, er nimmt allmählich die Stelle des Schöpfers ein und entfaltet seinen Gotteskomplex.

Die Mystik in Ost und West betrachtet den Tod nicht als etwas vom Leben Getrenntes, wie das Substantiv uns suggeriert. In dem Moment, in dem der Körper seine Funktionen aufgibt und zerfällt, stirbt auch die Illusion, das ich sei etwas Wirkliches. Mit dem Zerfall des Körpers vergeht auch unser Ich, denn Körper und Ich sind identisch. Deshalb ist der Tod die Chance, die Illusion eines wirklichen Ichs zu durchschauen. Denn mit dem Ich-Tod wird das immaterielle Selbst sichtbar. Es ist das einzige, was bleibt. Ihm kommt Realität zu, weil es nicht an die duale Weltsicht gebunden ist. Aber diese Realität ist nicht zu verwechseln mit einer Gegebenheit in der Welt der Getrenntheit. Realität ist kein Ding, kein Objekt, eher ein Nobjekt, ein Nicht-Objekt, ein Zustand. Wenn man dem immateriellen Selbst im Sinne der Welt der Objekte Realität zuspräche, hätte man das Ziel der Mystik, solche Vorstellungen aufzugeben, verfehlt. Der Begriff „Selbst" ist sozusagen das Zugeständnis an die Sprache, die sich ja in der Welt der Subjekt-Objekt-Trennung bewegt.

Deshalb kommt es im Leben darauf an, sich in diesen Zustand des Ungeschiedenseins vom Sein einzuüben. In meditativen und anderen Praktiken der Vergegen-

187

wärtigung versucht der Weisheitssuchende, mit dieser Seinswahrheit eins zu werden. Wenn der betrachtende Mensch ein Bewusstsein von der wahren Natur des Menschen erreicht hat, kann er sich einüben in die Kunst des Lassens und Loslassens, oder besser gesagt, er braucht sich gar nicht darum zu mühen, den sie entsteht als Folge der Erkenntnis des ungetrennten, nicht-dualen Seins.

Die Kunst des Sterbens, die ars moriendi, besteht also nicht mehr primär im Loslassen des Lebens, wie es die westlichen Philosophen beschreiben, sondern sie vollzieht sich zuerst und vor allem in der Erkenntnis der Einheit des Seins, bezogen auf unsere Frage, der Wahrnehmung der Einheit von Geburt und Tod, aus der wir nicht herausfallen können, weil beide Manifestationen des einen Lebens sind. Mit der Verbindung von Ei- und Samenzelle gewinnt ein individuelles Leben seine Gestalt und tritt ein in die Welt der Erscheinungen und Formen. Mit dem Streben löst sich diese Form wieder auf und wird zu dem, was sie vorher war, formloses Sein.

Tod gibt es nur, wenn es Zeit gibt

Mit der Trennung von Innen und Außen, von Ich und Welt, tritt auch die Zeit auf den Plan. Im Paradies gibt es noch keine Zeit, kein Vorher und kein Nachher, alles ist reine Gegenwart. In diesem Zustand gibt es noch keine Liebe und keinen Hass, alles ist, was es ist. Mit dem Verlust dieses Zustands, der Geburtsstunde des Ichs, entsteht das Leiden und es beginnt die Erinnerung an eine Zeit, in der es das Leiden noch nicht gab. Mit der rückwärtsgewandten Sehnsucht erfährt nun aber die Gegenwart eine gewisse Abwertung, wenngleich die Erinnerung an die Vergangenheit ja auch in der Gegenwart stattfindet. Das Ich durchschaut die Verobjektivierung der

Vergangenheit nicht mehr und nimmt den Inhalt der Erinnerung als etwas, was tatsächlich als Vergangenheit existiert. Der nächste Schritt ist nicht mehr weit: Aus der Erinnerung an die Vergangenheit hofft das Individuum auf eine bessere Zukunft, die vielleicht Züge des glückseligen Einst trägt. Es entstehen die ersten utopischen Entwürfe einer besseren Zukunft, die es natürlich nicht gibt, weil sie ja auch Projektionen des Jetzt sind, die sich aus dem Leiden an der Getrenntheit des Individuums ergeben. Damit ist das Zeitbewusstsein installiert. Die Folge ist, dass die Gegenwart, das Jetzt, beinah ganz in den Hintergrund tritt.

Darin besteht die Verblendung, die der Mystiker hintergehen möchte. Deshalb erscheint dem Weisheitslehrer die Zeit als eine mentale Konstruktion des Geistes, dem keine Essentialität und gar Substantialität zukommt. Indem das Ich, geplagt von seinem Leiden an Wünschen und Begierden, Vergangenheit und Zukunft verknüpft und sich mit den Erinnerungen und Hoffnungen identifiziert, hat es die Chance des Augenblicks versäumt. Demgegenüber betont z. B. der Buddhismus die Leerheit des Selbst, weil es in Abhängigkeit entstanden ist und ihm deshalb kein eigener Seinstatus zukommt. Die Erkenntnis dieser Leerheit ist Kern der Erleuchtung. Sobald aber jemand dieses Selbst mit etwas Gegebenen, etwas Materiellen wie z. B. dem Körper, identifiziert, wird für ihn der Tod des Körpers zum allumfassenden Problem, welches sein ganzes Selbst bedroht, was der Mystiker allerdings für eine Täuschung hält. Diese ruft die Angst vor dem Tod auf den Plan. Der Tod wird zum zeitlichen Ende des Lebens, die Geburt zu dessen Beginn in der Zeit. Durch die Konstruktion der Zeit geht die Verbindung von beidem verloren. Mit der Angst vor dem Tod verlieren wir den Bezug zur Gegenwart und damit verlieren wir den

189

Punkt, an dem es keinen Tod gibt. In der Gegenwart gibt es immer nur einen Prozess, eine Abfolge von Jetzt-Momenten.

Mit dieser Einstellung stellt sich die Bewältigung des Todes anders dar: Es geht um die Wiedergewinnung der Einsicht, dass hinter dem abgetrennten Ich, welches an den Körper gebunden ist, keine Differenz besteht, bezogen auf den Tod, keine Differenz von Leben und Tod. Geburt und Tod sind eins. Mit dieser Einsicht gibt das Ich seine Vormachtstellung auf, was als schmerzhafter Verlust erlebt wird. Genau dies meint die Rede vom mystischen Tod. In ihm korrespondiert das sterbende Ich mit der Geburt des Selbst, welches im Vollzug der Bewusstwerdung als Eins-Werden mit Gott und Welt begriffen wird. Indem das Ich in seiner Abgetrenntheit stirbt, kann das unabgetrennte und mit allem verbundene Selbst geboren werden. Todesbewältigung stellt sich in den weisheitlichen Traditionen also als ein Prozess der Einsicht dar, Einsicht in die wahre, ungetrennte Natur des Selbst.

Das Erleben des mystischen Todes bedeutet, dass das Bewusstsein von der Wahrnehmung der äußeren Welt befreit ist und mit der nicht-dualen Wirklichkeit, man kann auch sagen mit Gott eins geworden ist. Damit ist die ichhafte Person insofern überwunden, als sie nur den Vordergrund bildet, der sich auf dem Hintergrund des nicht-dualen Selbst eröffnet. Dies bezeichnen die weisheitlichen Meister als Erleuchtung. Vielleicht ist Odysseus ihr teilhaftig geworden und dieses sanften mystischen Todes gestorben, als er sein Ruder nahm und über Land ging, jenseits seiner Heimat Ithaka!

190

Literatur

Adorno, Theodor W./Horkheimer, Max (1947), Dialektik der Aufklärung, Frankfurt/M. [16]2011.

Adorno, Theodor (1966), Negative Dialektik, Frankfurt/M.

Assmann, Aleida (1994), Odysseus und der Mythos der Moderne. Heroisches Selbstbehauptungs-Wissen und weisheitliches Selbstbegrenzungs-Wissen, in: Fuchs, Gotthard (Hg.) Lange Irrfahrt – große Heimkehr. Odysseus als Archetyp – zur Aktualität des Mythos, Frankfurt/M. 1994.

Baumann, Heinz (1995), Individualität und Tod. Psychologische und anthropologische Aspekte der Todeserfahrung, Würzburg.

Bauriedl, Thea (1980), Beziehungsanalyse. Das dialektisch-emanzipatorische Prinzip der Psychoanalyse und seine Konsequenzen für die psychoanalytische Familientherapie, Frankfurt/M.

Dies. (1994), Auch ohne Couch. Psychoanalyse als Beziehungstheorie und ihre Anwendungen, Stuttgart.

Berger, Peter L./Luckmann, Thomas (1969), Die gesellschaftliche Konstruktion der Wirklichkeit. Eine Theorie der Wissenssoziologie, Frankfurt/M.

Clarus, Ingeborg (1986), Odysseus und Oidipus. Wege und Umwege der Seele, Fellbach.

Egle, Ulrich T. (2003), Psychosozialer Stress und Schmerz, in: Ders. u. a.(2003), Handbuch chronischer Schmerz, Stuttgart – New York.

Ehrenberg, Alain (2004), Das erschöpfte Selbst. Depression und Gesellschaft in der Gegenwart, Frankfurt/M.-New York.

Freud, Sigmund (1912/13), Totem und Tabu, GW IX.

Funke, Dieter (2000), Das Schulddilemma. Wege zu einem versöhnten Leben, Göttingen.

Ders., (2011), Ich – eine Illusion? Bewusstseinskonzepte in Psychoanalyse, Mystik und Neurowissenschaften, Gießen.

Gebser, Jean (1986), Ursprung und Gegenwart, Gesamtausgabe Bd. 2, Schaffhausen ³2003.

Girard, René (1988), Der Sündenbock, Zürich.

Gronemeyer, Marianne (1973), Das Leben als letzte Gelegenheit. Sicherheitsbedürfnisse und Zeitknappheit, Darmstadt.

Maharshi, Sri Ramana (1996), Über das Selbst. Vierzig Verse, Hammelburg.

Peichl, Jochen (2007), Die inneren Trauma-Landschaften. Borderline, Ego-State, Täter-Introjekt, Stuttgart.

Reuter, Wolfgang (2012), Relationale Seelsorge. Psychoanalytische, kulturtheoretische und theologische Grundlegung, Stuttgart.

Richter, Horst-Eberhard (1979), Der Gotteskomplex. Die Geburt und Krise des Glaubens an die Allmacht des Menschen, Reinbek,

Stern, Daniel N. (2005), Der Gegenwartsmoment. Veränderungsprozesse in Psychoanalyse, Psychotherapie und Alltag, Frankfurt/M.

Szlezak, Thomas A.(2012), Homer oder Die Geburt der abendländischen Dichtung, München.

Walach, Harald (2011), Spiritualität. Warum wir die Aufklärung weiterführen müssen, Klein Jasedow.

Wittkowski, Joachim/Strenge, Hans (2011), Warum der Tod kein Sterben kennt. Neue Einsichten zu unserer Lebenszeit, Darmstadt.

Wilber, Ken (1991), Wege zum Selbst. Östliche und westliche Ansätze zu persönlichem Wachstum, München.

Wolfgang Welsch (1995), Vernunft. Die zeitgenössische Vernunftkritik und das Konzept der transversalen Vernunft, Frankfurt/M.